GUILLAUME BORÉA

LE CRIME

DE

FOUONT-DE-JARRIE

NICE
Imprimerie du Commerce, A. ... Emanuel & A. Saguet, Avenue Borriglion

LE CRIME DE FOUONT-DE-JARRIÉ

Guillaume BORÉA

LE CRIME

DE

FOUONT-DE-JARRIÉ

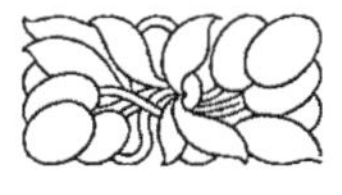

NICE
Imprimerie du Commerce A. N. Emanuel & A. Baguet 24, Avenue Beaulieu.

1914

LE CRIME

DE

FOUONT-DE-JARRIÉ[1]

—————

Il y a un siècle que les Bellon commirent l'agression à main armée de Fouont-de-Jarrié, et bien que ce crime n'ait rien de particulièrement saillant et que ses auteurs se révèlent comme de vulgaires bandits, son souvenir a persisté vivace au sein des populations de notre pays.

L'histoire de la bande des Bellon s'est transmise oralement et, les nombreux conteurs y ayant ajouté ou retranché certains détails, elle nous est parvenue singulièrement déformée et dramatisée. Si le crime en lui-même reste exact dans ses grandes lignes, l'imagination populaire l'a entouré d'une quantité d'épisodes, les uns probablement controuvés, les autres empruntés à des forfaits datant de la même époque : de sorte que les Bellon sont devenus les boucs émissaires d'une bonne partie des crimes qui furent commis à Nice pendant la Révolution et l'Empire, et dont le souvenir a résisté au temps.

Les ouvrages qui relatent l'agression de Fouont-de-Jarrié ne remontent pas à l'époque où elle fut commise ; ils ne se recommandent pas non plus par une scrupuleuse exactitude. Leurs auteurs admirent comme vrais les récits légendaires et ils y incorporèrent les quelques renseignements authentiques

—————

(1) Quartier de la commune de Contes, traversé par la route de Turin, à quatorze kilomètres de Nice et dont il sera plus longuement parlé dans la suite de ce récit.

qu'ils purent se procurer. « L'Histoire de Nice » de Toselli (1869) consacre trois pages à la narration de ce crime et l'abbé Cauvin, dans les « Mémoires pour servir à l'Histoire de Contes et de Sclos » (1885), s'étend plus longuement encore sur ce sujet. De ce que ces écrivains se sont cru obligés de se faire les historiens du vol de Fouont-de-Jarrié, à tant d'années de distance, il ressort que ce forfait, amplifié par le temps et la tradition, avait acquis l'importance d'un événement historique de notre pays.

Les exploits de la bande des Bellon se trouvent rapportés, avec plus de détails encore, dans un manuscrit qu'a bien voulu me communiquer mon ami et ancien confrère, M. François Alziary. Ce manuscrit, en langue française, sans date ni signature, est peut-être antérieur à l'Histoire de Nice de Toselli ; c'est un recueil de faits qui se passèrent dans notre région, et que l'auteur a consignés, non en historien, mais en simple conteur ; et par là, ces notes, si elles manquent de l'exactitude documentaire, sont fort intéressantes et souvent amusantes. La Vérité a bien moins de charme que la Légende ; « les livres d'histoire qui ne mentent pas sont tous fort maussades », nous dit Anatole France dans une boutade qu'il place dans la bouche de Sylvestre Bonnard.

LA LÉGENDE

C'est plutôt « *les Légendes* » qu'il faudrait dire, car les digressions et les adjonctions sont nombreuses, et encore doit-il en exister beaucoup que nous ignorons.

Le récit qui va suivre est tiré des œuvres citées, d'une enquête que nous avons faite auprès des personnes qui, par leur âge ou leur situation, nous ont paru mieux renseignées, et des souvenirs personnels qui remontent en partie jusqu'à notre enfance. Nous avons accepté la plupart des versions qui nous ont été rapportées, même lorsque nous les savions manifestement inexactes, n'excluant que celles par trop romanesques, trop puériles ou faussement malveillantes.

Voici donc le récit coordonné de toutes ces traditions.

Les trois frères ou les trois cousins Bellon (les informations varient sur ce point), Laurent, Antoine et François, étaient les chefs d'une notable famille niçoise de la fin du XVIIIe siècle et des premières années du XIXe. Ils habitaient au quartier du Ray, où ils possédaient un grand domaine de rapport et le meilleur moulin à huile du pays. Ils étaient entourés de la considération générale et fréquentaient la haute société de la ville ; le gouverneur les invitait à ses réceptions et l'évêque lui-même daignait accepter d'eux, dans la belle saison, quelques fins déjeuners, sous les ombrages de leur propriété.

Cette tradition, très répandue, date son origine piémontaise, car elle cite le gouverneur et l'évêque, ces deux toutes-puissances de Nice sous le régime sarde, alors que la famille des Bellon florissait pendant la période française, celle de la prépondérance du général et du préfet.

Mais sous leur dehors de respectabilité, les Bellon n'étaient que de redoutables brigands.

La série de leurs crimes remonte à l'année 1792, aussitôt après que notre pays fut occupé par les armées révolutionnaires (1).

---

(1) Toute la partie du récit antérieur au crime de Fouont-de-Jarrié n'est qu'une transcription libre et légèrement écourtée du manuscrit précité.

Il y avait alors à Nice un continuel passage d'émigrants qui fuyaient en Italie, malgré les efforts des pouvoirs publics qui voulaient à tout prix enrayer cet exode. Les Bellon organisèrent alors une association clandestine dont le but prétendu était d'assurer aux émigrants le passage de la frontière. Faisaient partie de cette bande, outre les Bellon et deux de leurs parents, Bonifassio, qui devint bientôt fournisseur de l'armée, Conte, dit Brancaléon, Gibassié, jeune homme du meilleur monde et filleul du roi Victor-Emmanuel Ier, et de nombreux rabatteurs.

Bonifassio possédait au faubourg Croix-de-Marbre (qui s'appelait alors *Buffa Première ou Inférieure*), une maison et un grand jardin situé entre la route de France, la mer et une ruelle, sur l'emplacement actuel du Cercle de la Méditerranée.

C'est là que les émigrants étaient conduits la nuit par les rabatteurs. Reçus avec empressement, réconfortés et rassurés sur l'issue de leur entreprise, les malheureux s'endormaient pleins de confiance ; mais, pendant leur sommeil, ils étaient assassinés et leurs cadavres aussitôt enfouis dans un coin du jardin (1).

Tant que dura l'émigration, les forfaits se succédèrent dans la maison de Bonifassio, sans que les autorités, tout occupées par les événements politiques et militaires, en aient eu le moindre soupçon.

Lorsque le régime de la Terreur fut aboli, les assassins ne renoncèrent pas au crime. La vie facile procurée par le vol, l'habitude du mal, la croyance à l'impunité avaient pris en eux de trop profondes racines. Aussi, ne pouvant plus attirer leurs victimes dans leur repaire, ils allèrent les frapper chez elles ou sur les grandes routes.

L'association fut encore développée ; elle comptait, outre les bandits déjà cités, deux aubergistes de la ville, quatre autres dans les environs, un entrepreneur de transport, un orfèvre, un avocat, deux juifs, dont l'un était chargé de l'espionnage et l'autre de la vente des bijoux volés, dont il allait se défaire loin de Nice et même jusqu'à Livourne, etc. Les brigands se réunissaient et entreposaient les profits de leurs méfaits dans de grandes caves situées près de l'église du Jésus, auxquelles on accédait par quatres entrées différentes (2) ; elles appartenaient à l'un d'eux, marchand de faïences.

Le premier crime que la bande commit eut lieu dans la ville même et souleva l'horreur de toute la population. Une vieille dame, très riche et très avare et sa jeune servante, habitant sur le boulevard du Pont-Vieux, furent

---

(1) Lorsqu'en 1854, on construisit l'Hôtel des Anglais, au commencement de la Promenade des Anglais, on découvrit, dit-on, dans les fouilles, des ossements humains, et l'on attribua leur présence en cet endroit aux crimes des Bellon.

(2) J'ai lu dans le dossier d'une affaire criminelle de l'époque que de grandes caves, situées dans le même quartier, servaient de lieu de recel à des voleurs, mais ceux-ci n'avaient aucun rapport avec les Bellon.

trouvées un matin assassinées dans leurs lits, la gorge tranchée à coups de rasoir. Le linge, l'argenterie, les bijoux acquis par trois générations de gens fortunés, tout avait disparu. La justice multiplia ses informations, mais le crime resta impuni.

Ce forfait avait été préparé par le jeune *muscadin* Gibassié, qui habitait l'appartement au-dessous de celui des victimes : par ses belles manières il avait séduit la domestique et en avait obtenu tous les renseignements qu'il désirait ; quand le coup fut décidé, il prit avec elle rendez-vous pour la nuit et se fit remettre la clef de l'appartement ; puis il partit pour le Var, s'installa dans une auberge et passa son temps à la chasse. L'assassinat fut l'œuvre de Laurent Bellon et de Bonifassio ; munis des clefs de la domestique et secondés par elle à son insu, ils accomplirent facilement leur crime. Ils entreposèrent ensuite le produit du vol au domicile de Gibassié, où il était en sûreté, car ce jeune homme, tant à cause de son absence que par sa situation de fortune et ses brillantes relations, ne pouvait être touché par le moindre soupçon.

Quelques jours auparavant, un des Bellon avait confié à son perruquier deux rasoirs, pour les faire aiguiser. Or ce dernier crut reconnaître un de ces rasoirs en celui dont s'étaient servi les assassins. Sans la moindre méfiance à l'encontre de son client, il lui fit part de son observation et lui demanda s'il n'aurait pas perdu un de ses rasoirs. Bellon répondit affirmativement et tout en causant il se fit accompagner par son interlocuteur chez Bonifassio. On ne revit plus le perruquier ; et, comme il avait eu une violente dispute avec sa femme, on admit qu'il s'était noyé volontairement.

Vers la même époque la femme de Bonifassio, qui était enceinte, mourut subitement. Le médecin conclut à une mort naturelle, mais en réalité elle avait été tuée par son mari, comme témoin compromettant de l'assassinat de deux marchands de bœufs que celui-ci, alors fournisseur des troupes, avait attirés chez lui.

Cependant les forfaits se multipliaient et police et magistrature étaient sur les dents. Les Bellon étaient certains de l'impunité, car ils donnaient fort à propos de grands dîners auxquels ils invitaient le juge d'instruction et le commandant de gendarmerie, et grâce au bon vin de Bellet, qui monte à la tête et délie les langues, ils tiraient de leurs hôtes les confidences qu'ils désiraient. De même, lorsqu'ils devaient commettre quelque crime pendant la nuit, ils invitaient à déjeuner de nombreuses personnes pour le lendemain. Ce jour là, ils partaient censément de très grand matin pour la chasse et revenaient chez eux avant midi avec force gibier qu'on s'empressait d'apprêter pour le repas.

A l'un de ces dîners qui eut lieu à l'occasion de la St-Laurent, fête de l'aîné des Bellon, celui-ci s'aperçut que le receveur-général était soucieux. Il lui demanda la cause de son inquiétude et ce dernier raconta sans méfiance que dans quatre jours devait arriver à Nice le convoi qui apportait le montant des contributions de l'arrondissement de Puget-Théniers et qu'il n'était pas rassuré sur l'issue de l'expédition, à cause de la fréquence des attentats sur les routes.

Le commandant de gendarmerie lui représenta alors que ses craintes étaient exagérées et donna des renseignements sur la composition de l'escorte, qu'il jugeait plus que suffisante.

Quatre jours après, à dix heures du matin, le convoi annoncé, après avoir traversé Colomars, suivait la route qui conduisait à Nice. Il était composé d'un inspecteur et d'un receveur des finances, de trois muletiers, de deux hommes de peine et de huit gendarmes. Le trésor était enfermé dans six caisses portées par trois bêtes de somme. A une demi-heure de marche de Colomars, sur le Serre-Long, non loin d'un sentier qui mène à Saint-Barthélemy, le convoi fut accueilli par une vive fusillade : les trois mulets tombèrent ; un des muletiers, l'inspecteur et cinq gendarmes furent tués et les survivants prirent la fuite. Alors dix hommes, le visage teint de noir et recouvert d'un masque en fils de fer, sautèrent sur la route, enlevèrent prestement les caisses et disparurent. Le même soir les Bellon et leurs complices se promenaient par la ville et se faisaient raconter le crime qu'ils avaient commis. Les coupables restèrent inconnus de la justice (1).

Lorsque le Concordat fut proclamé et que les églises furent rouvertes au culte, les chefs de la bande affectèrent des sentiments religieux que l'on crut sincères. Les Bellon firent réparer à leurs frais l'église de Saint-Barthélemy et Bonifassio celle de Saint-Étienne. Ils entrèrent dans la confrérie des pénitents et furent nommés marguilliers de leur paroisse, fonctions qu'ils conservèrent jusqu'à leur mort.

Mais les crimes étaient aussi fréquents.

Un dimanche matin, sur la route du Var, à une demi-heure de marche de la ville, on trouva une voiture abandonnée et dans cette voiture les cadavres d'un vieillard, d'une dame et d'une jeune fille, percés de coups de poignards. Les brigands avaient pillé les bagages et même arraché les boucles d'oreille de leurs victimes.

Ce jour là, comme de coutume, il y eut, à midi, un grand dîner chez les Bellon, mais le procureur-général et le capitaine de gendarmerie, retenus sur le lieu de l'assassinat, ne purent y prendre part. Ce dernier, dans l'après-midi, vint s'excuser de son absence et raconta le crime découvert le matin. Laurent Bellon laissa échapper une exclamation et lança un regard imprudent à Bonifasio ; ces gestes involontaires révélèrent-ils au capitaine le secret des bandits ? Ceux-ci purent le croire, car il se tut, devint pensif et saisit un prétexte pour prendre congé. Ses hôtes, toujours prévenants, donnèrent ordre de seller son cheval et voulurent assister à son départ. Aussitôt après, le cheval s'emporta et

---

(1) Toselli fait aussi le récit de ce crime qui fut commis en 1814 et dont nous reparlerons plus loin ; mais il ne l'attribue pas aux Bellon. (Histoire de Nice T. II, 2e partie, p. 432).

jeta son cavalier dans le vallon de Saint-Barthélemy, d'où on le retira mort : on sut plus tard que cet accident avait été provoqué par les Bellon.

Pendant la campagne de Russie, la bande ne courut pas de risques ; les pouvoirs publics étaient trop occupés par la guerre et la levée des impôts, et la gendarmerie donnait tout son temps à la poursuite des conscrits réfractaires.

Les Bellon fréquentaient le Café des Amis. Un soir l'un d'eux, légèrement pris de vin, prononça devant le patron, un certain Jean, quelques paroles compromettantes. Le lendemain il retourna au café et interrogea négligemment ledit Jean sur les propos qu'il avait tenus la veille. Comme celui-ci était embarrassé pour répondre, Bellon n'insista pas, mais le cafetier disparut bientôt et l'on ignora toujours ce qu'il devint.

On sait quel accueil enthousiaste fit la population niçoise au pape Pie VII, lorsqu'en 1814 il passa à Nice, de retour de Fontainebleau. Le Bellon furent à la tête des manifestants ; ils dételèrent, à la Croix-de-Marbre, les chevaux du carrosse pontifical et le traînèrent eux-mêmes jusqu'à la préfecture. Là, le pape, touché de leur dévouement et de leur zèle, leur donna sa bénédiction.

Lorsque Nice fut rendue au roi de Sardaigne, toute la bande se mit en avant pour applaudir le nouveau régime et réclamer l'ancien état de choses, surtout Gibassié, le filleul du roi Victor-Emmanuel I ; et le gouverneur et les autorités furent frappés du loyalisme de ces hommes bien pensants, solides soutiens du trône et de l'autel.

Enfin un événement fortuit, survenu au cours d'un de leurs crimes, les livra inopinément à la justice ; et leur capture fut un coup de théâtre qui stupéfia le pays, tant elle était inconcevable.

Ce crime fut le vol à main armée qu'ils commirent sur la route de Turin, à Fouont-de-Jarrié. En voici le récit, selon l'abbé Cauvin (1) :

« La marquise Françoise de Butler (2), fille du riche banquier Coutts, de
« Londres, que l'on appelait à Nice la princesse de Biout, avait passé l'hiver
« de 1815 à Nice, dans la maison Grandis (3), qui avait été en 1814 la demeure
« de la princesse Pauline. Elle y avait mené une vie princière et avait fait
« beaucoup de bien aux pauvres.

« Lorsqu'elle décida de partir pour Turin (4), le banquier Carlone, corres-
« pondant du banquier Coutts, lui donna pour courrier Félix Sazia ».

---

(1) Les parties guillemetées de ce récit sont celles empruntées aux *Mémoires* de l'abbé Cauvin ; nous avons cru bon de modifier quelques phrases et d'écourter certains passages de peu d'intérêt.

(2) Le nom de la marquise varie souvent ; Toselli écrit : « de Butle » ; d'après le manuscrit cette dame n'est autre que la princesse de Kent, mère de la reine Victoria.

(3) La maison Grandis était située au quartier des Baumettes.

(4) Le manuscrit dit que la marquise, voulant retourner en Angleterre et ne pouvant passer par la France, à cause des événements politiques et de la guerre, résolut de prendre la route du Piémont.

« Elle partit de Nice le 21 mai 1815 (1), à neuf heures du matin, accompa-
« gnée de M. Marlock, de la maison Coutts, de M. Sazia, d'une dame de
« compagnie, et de deux domestiques, tous à cheval, et arriva à Escarène (2)
« vers onze heures et demie. Ses trois voitures, qui portaient son fils, âgé de
« quatorze ans et sa fille âgée de douze ans, l'épouse dudit Marlock, deux
« femmes de chambre, deux domestiques et M. Caution, son maître d'hôtel,
« avec les bagages, partirent de Nice vers dix heures. Les chevaux des trois
« voitures appartenaient à M. Gilly, de Nice, qui avait l'entreprise de la poste.
« Ces voitures étaient accompagnées de Ferdinand Styr, propriétaire de l'hôtel
« des Etrangers (3) ».

« A peine Sazia eut-il mis les chevaux de selle à l'écurie à *Scarena*, qu'il
« vit arriver au grand galop M. Styr (4), criant : « Nous avons été assassinés,
« dévalisés ! » Sazia monte de suite sur un cheval et court à Fouont-de-Jarrié
« où l'assassinat avait eu lieu. Là il met la fille de la marquise sur un âne, le
« fils sur son cheval et les accompagne à *Scarena*. A peine la marquise le voit
« venir qu'elle s'écrie : « Merci mon Dieu ! mon vrai trésor est sauvé ! » Sazia
« prit un autre cheval et retourna sur les lieux, où déjà étaient accourus les
« paysans des environs, ainsi que les gendarmes de *Scarena* et le juge de
« Contes ».

Voici comment l'agression s'était passée : « Lorsque les trois voitures arri-
« vèrent à Fouont-de-Jarrié, elles furent arrêtées par huit brigands déguisés,
« savoir : Laurent Bellone (5), François Bellone et Antoine Bellone, dit Rostan,
« tous trois cousins, habitant au Ray, Dominique Conte, dit Brancaléon, Fran-
« çois Bonifassi, dit Totà ; les autres sont demeurés inconnus. Ceux-ci étaient
« placés en amont et en aval de la Fouont-de-Jarrié pour empêcher les passants
« de monter ou descendre sur la route. Les autres cinq brigands firent descen-
« dre de voiture les personnes qui s'y trouvaient et obligèrent Ferdinant Styr et
« les domestiques à se coucher le ventre à terre, tandis qu'ils fouillaient les
« bagages. Ils s'emparèrent d'une somme de soixante mille francs et d'une
« caisse de *dorures* et de diamants, le tout évalué à trois cent mille francs.
« Dans une caisse du bagage il y avait des bouteilles de rhum, dont ils burent
« avec excès, ce qui les perdit ».

------

(1) L'abbé Cauvin se trompe ; c'est le 18 mai qu'il veut dire ; d'autant plus qu'il ajoute que c'était
le jour de la St-Félix : le 18 mai est d'ailleurs la date exacte.

(2) D'après Toselli et de nombreuses traditions, la marquise partit en voiture et fut arrêtée par les
bandits.

(3) L'hôtel des Etrangers était situé, comme aujourd'hui, rue du Palais. Il était dirigé par deux
Suisses, les frères Laurent et Ferdinand Styr ; tous les deux faisaient partie du convoi de la marquise et
assistèrent au vol de Fouont-de-Jarrié. La famille Styr, de Nice, s'est éteinte il n'y a pas longtemps.

(4) D'après Toselli ce fut Félix Sazia qui apporta la nouvelle du crime à l'Escarène.

(5) L'abbé Cauvin est le seul qui écrive « Bellone » ; toutes les autres traditions, écrites ou orales,
disent « Bellon ».

D'autres traditions relatent que, parmi ces bouteilles, il s'en trouvait emplies de vin additionné d'un narcotique, dont faisait, usage la marquise qui souffrait d'insomnies. Les bandits en burent, s'endormirent bientôt et furent capturés pendant leur sommeil. Le manuscrit ajoute qu'ils vidèrent aussi des flacons de pharmacie contenant des vomitifs et des purgatifs ; l'effet produit fût donc aussi varié que grotesque.

Toutes les versions concordent pour reconnaître qu'il n'y eut ni morts ni blessés ; une seule prétend que la princesse avait à son doigt une bague de très grande valeur, et que les brigands, ne parvenant pas à la retirer, coupèrent le doigt de leur victime et s'emparèrent ainsi de la bague sanglante.

L'abbé Cauvin continue : « Barthélemy Caisson, qui demeurait au pied de « la montagne de Sclos, près de la route, fut le premier à s'apercevoir de cet « assassinat et il donna l'alarme aux voisins ». Au même moment arrivaient les gendarmes de l'Escarène ; à leur vue, les bandits s'enfuirent dans le bois de Pincalvin.

Autre variante : Après avoir consommé leur forfait, les brigands qui s'étaient noirci le visage, (les Bellon avaient pris cette précaution pour ne pas être reconnus par la princesse, dont ils avaient fréquenté les salons), allèrent se nettoyer à la source de Jarrié ; c'est là que les gendarmes les surprirent et capturèrent plusieurs d'entre eux.

« Bonifassi se réfugia dans les *vernaï* (aunes) de Michel Augier, vis-à-vis « du Pont de Contes, et lui donna une boîte de diamants pour qu'il le sauvât ».

L'épisode du coffre est différemment racontée dans le manuscrit. D'après son auteur, un des brigands, parent de Bellon, s'enfuit chez un aubergiste de Contes, affilié à la bande, et lui confia une cassette de bijoux. Pour s'approprier ce trésor, l'aubergiste tua son complice, et les paysans, qui poursuivaient ce dernier, tuèrent l'aubergiste ; quant au coffret, il disparut et sa disparition fut la source de bien d'insinuations peu charitables.

« Bonifassi fut pris par Antoine Robin, dit Boù, Jules, dit la Tulipa, tous « deux de la Pouncha et Jean Gastel, dit Contes ; il ne fit aucune résistance et « ne le pouvait, dans l'état d'ivresse où il était. On le lia très étroitement avec « des cordes, on le plaça sur le mulet d'Antoine Robin et on le porta à *Scarena*. « Mais soit qu'il eût trop bu de rhum ou des médecines contenues dans les « bouteilles, soit qu'il eut été étranglé par les cordes, il expira en chemin et on « le porta mort à Nice ».

« Dominique Conte, dit Brancaléon, fut pris en Touart, dans la campagne « de Contes, tandis qu'il fuyait, par Laurent Camous, dit Clappa, Alexandre « Barraja, maréchal-ferrant à Contes, Gaëtan Faraut, dit Quinsoun, Jean-Antoine « Prioris, tous de la Pouncha, et par Jean Dalbera, dit Potec ». Son arrestation fut maintenue par ordonnance du « juge Allart (1), de Contes, qui dressa

---

(1) Le juge ordinaire de l'Escarène s'appelait Joseph-Antoine Alardi ; c'est de lui qu'il s'agit.

procès-verbal dans la maison de Jean Dalbera, dit Portanelli, de la Pouncha ».

« Les trois Bellone furent pris dans le bois de Pincalvin, où ils s'étaient
« réfugiés, par les mêmes hommes auxquels s'était joint Jean Castel, dit
« Conte, de Selos. Un de ces trois brigands s'était réfugié sur le sommet de la
« colline et menaçait de *brûler la cervelle* au premier qui approcherait. Jules
« la Tulipa, qui était derrière lui, lui asséna un violent coup de crosse de fusil
« et le renversa ; les autres se jetèrent sur lui et le lièrent avec des cordes ».

Les auteurs précités, comme les traditions, ignorent les noms des trois
complices qui parvinrent à s'enfuir et ne nous apprennent rien sur leur compte.

Le crime avait été très habilement préparé et, sans la présence d'une malen-
contreuse bouteille de narcotique dans les bagages, la réussite eut été certaine
pour les bandits. Les Bellon avaient pris les plus minutieuses précautions pour
éloigner d'eux toutes suspicions et se créer des alibis. La veille au soir, comme
il y avait réception chez le gouverneur, ils ne manquèrent pas de s'y montrer
et ce ne fut qu'à minuit, en sortant du palais, qu'ils prirent le commandement
de leur bande qui les attendait en armes. En outre, le coup de main devant avoir
lieu le 18 mai, jour de St-Félix, un des patrons du couvent de St-Barthélemy, particulièrement vénéré par les paysans des environs, les Bellon avaient
convié pour midi les notabilités du quartier, parmi lesquelles six pères capucins
du couvent.

Or voici ce qui se passa chez eux : à l'heure fixée, tous les invités étaient
arrivés ; seuls les Bellon manquaient ; leurs femmes, inquiètes, affectaient
pourtant l'assurance et excusaient de leur mieux le retard de leurs maris. Finalement on se mit à table sans les hôtes. Bientôt un homme essoufflé et couvert
de poussière entra et alla parler bas aux dames Bellon ; celles-ci se troublèrent
et, abandonnant toute retenue, quittèrent la salle. Les convives, au milieu du
malaise général, se retirèrent les uns après les autres. Seuls les six moines, en
gens détachés des contingences de ce bas monde, restèrent à table et achevèrent
béatement le repas de toute la société, pour la plus grande gloire de St-Félix,
en l'honneur de qui le festin était donné.

Dans le manuscrit il est dit que la bande de Fouont-de-Jarrié n'était composée que de huit individus, mais que l'instruction révéla l'existence d'un grand
nombre de complices, dont plusieurs occupaient des situations très en vue et
passaient pour de fort honnêtes gens. Le magistrat rapporteur déclara confidentiellement qu'on aurait dû arrêter quatre-vingt personnes. Mais le sénat de
Nice ne voulut pas donner à cette affaire tout son développement ; il jugea
prudent de ne comprendre dans les poursuites que les seuls individus qui avaient
participé au crime et d'ignorer les ramifications de la bande.

Conte fut condamné aux galères à vie et les trois Bellon à la peine de
mort : ils furent pendus à Nice le 10 juin 1815, puis décapités et leurs têtes
exposées en public. « La tête de l'un d'eux, écrit l'abbé Cauvin, fut piquée sur la
« pointe d'un poteau planté à Fouont-de-Jarrié, sur le bord de la route, du côté
« du vallon, au lieu même où le crime avait été commis. On dit que la barbe

« crût de deux doigts. Comme ce spectacle faisait peur aux passants, surtout
« aux femmes et aux enfants, Jean-Honoré Camous, dit Bolacion, et Jérôme
« Brocart, tous deux de Sclos, renversèrent le poteau et la tête alla rouler dans
« le vallon où elle resta, sans que personne osât y toucher, jusqu'à ce que les
« eaux l'eussent emportée ». Et la justice eut le bon esprit de ne pas rechercher
les auteurs de ce délit.

La marquise, qui était retournée à Nice le soir même du crime, ne repartit
pour Turin que quelques jours après.

En témoignage de gratitude envers Félix Sazia, pour le dévouement et la
diligence dont il avait fait preuve, Mme de Butler lui fit présent d'une paire
d'éperons en or, que les descendants du courrier conservent précieusement.

« Sazia, *qui avait échappé à la mort, en ne se trouvant pas présent
lors de l'assassinat (!?)*, donna depuis, tous les ans, en reconnaissance, un
cierge à l'église de St-Barthélemy ».

La marquise ne garda pas rancune à notre pays ; « elle retourna à Nice
« plusieurs années après, avec sa fille qui était alors mariée ».

Le montant du vol, suivant de nombreuses traditions orales, s'éleva à des
sommes prodigieuses ; mais les héritiers des brigands et de leurs receleurs n'en
firent usage que longtemps après, lorsqu'ils pensèrent que le temps en avait lavé
la tache originelle. On raconte qu'un seul diamant avait une si grande valeur
que trois juifs gênois durent unir leurs fortunes pour en parfaire le prix. Et, il
n'y a pas de nombreuses années, lorsqu'un Niçois se révélait possesseur de
quelque richesse qu'on ne lui connaissait pas, bien des gens, au lieu d'en rechercher la source dans ses capacités, son travail ou même la chance, avaient tôt
fait de conclure qu'il avait trouvé *la pignata d'or* cachée par les bandits, ou
qu'il était un descendant de ces derniers et que l'argent provenait du vol de
Fouont-de-Jarrié. Toutes ces allégations, est-il nécessaire de le dire, ne doivent
leur crédit qu'au bon accueil que l'on fait à la médisance. Le lecteur se rendra
compte plus loin que les objets disparus n'avaient pas une valeur telle qu'elle
pût enrichir tant de gens.

Les conteurs font remarquer que tous les bandits étaient du Ray ; or ce
quartier ne jouissait pas autrefois d'une bonne réputation ; on disait que les
gens y étaient méchants et vindicatifs et on évitait toute difficulté avec eux.
Leur festin — *lou festin daï Bouscarla* — qui avait lieu comme aujourd'hui
en plein été et qui était ainsi dénommé parce qu'on y mangeait des becs-fins,
gras à souhait à cette époque de l'année, ne se terminait jamais, affirmait-on,
sans quelque bagarre ou mauvais coup. « Lou Raï a raïat et raïera toujou »,
disaient nos pères, en sous-entendant que ce qui coulait, c'était du sang.

Malheureux le jeune homme de la ville qui, courtisant une belle fille du
Ray, se laissait surprendre à un rendez-vous par ses rivaux du quartier ! La
vengeance était terrible : outre les mauvais traitements d'usage, on lui infligeait
le supplice de l'*ouïre*. L'instrument de torture était une outre à vin ou à huile, à
laquelle on adaptait un court tuyau de roseau. Après avoir réduit l'infortuné

amoureux à l'impuissance, on introduisait dans son individu, par l'orifice que l'on devine, la canule de bois et, en pressant abondamment sur l'outre gonflée d'air ou d'eau, on administrait au patient un lavement copieux qui éteignait, instantanément les ardeurs de sa chair et refroidissait pour longtemps la chaleur de ses sentiments à l'égard des jolies paysannes du Ray (1).

(1) Ce supplice est relaté par l'unanimité des traditions et toutes affirment qu'il était encore pratiqué lors de l'annexion en 1860.

.·.

Avant même de connaître le coté historique de l'affaire de Fouont-de-Jarrié, le lecteur se sera certainement aperçu que le récit qui précède contient de nombreux épisodes qui ne sont pas vrais ; ils ne résistent pas en effet à un examen même superficiel.

Comment admettre, par exemple, que des brigands aient pu, pendant vingt-trois ans, dans la petite ville qu'était Nice sous la Révolution et l'Empire, commettre crimes sur crimes sans éveiller le moindre soupçon ? que le procureur général et les chefs de la police n'aient pas remarqué la corrélation qui existait entre les assassinats et les invitations qu'ils recevaient des Bellon pour le même jour ? Les bandits pouvaient-ils confondre au goût des vomitifs et des purges avec des liqueurs fines ? Les drogues pharmaceutiques ne flattent pas le palais, généralement.

De plus, le récit qu'on a lu abonde en thèmes communs à toutes les *histoires de brigands*. Certes les circonstances anecdotiques des diverses légendes sont plus ou moins développées, diffèrent plus ou moins, même dans les contes d'un genre identique ; mais elles ne sont, au fond, que des variations sur des thèmes connus, qui reviennent comme des *leil-moliv*. Rappelons : l'ivresse des bandits qui permet leur arrestation ; (c'est aussi grâce à l'ivresse que, d'après la tradition, put être capturé, quelques années auparavant, Fulconis, le fameux Barbet de l'Escarène) ; l'auberge sanglante dans la quelle on assassine les voyageurs pendant la nuit, qui est devenue dans notre légende la maison de Bonifassio ; la disparition de tous ceux qui ont surpris les secrets des assassins ; (ce lieu-commun est traité trois fois dans le manuscrit, et les trois victimes sont le perruquier, le cafetier Jean et le capitaine de gendarmerie). Enfin le thème si fréquent du trésor caché se retrouve dans la cassette qui aurait disparu à l'auberge de Contes, et dans les nombreuses *pignata d'or*, qu'auraient découvertes tant de Niçois subitement enrichis. Tous ces faits, très possibles, mais qui réapparaissent trop souvent et presque toujours réunis, dans les contes du même genre, sont des lieux-communs, d'anciens clichés, assez connus pour mettre en garde notre crédulité.

Si nous analysons la facture de notre récit, nous y retrouvons les procédés classiques employés par les peuples dans la formation de leurs légendes ; car l'âme des peuples est restée sensiblement la même à travers les siècles et sous toutes les latitudes ; et les civilisations et les influences de toutes sortes n'ont pas profondément modifié leur sentiment.

Ainsi de tous temps et partout, les conteurs ont grossi les faits et grandi les personnages : ici la victime est une princesse et même la mère de la reine d'Angleterre ; Gibassié devient le filleul du roi, comme autrefois certains chefs de brigands étaient des bâtards de grands seigneurs ; et malgré son nom peu distingué de Gibassié (qui en réalité n'était qu'un surnom visant peut être quelque malfaçon physique), il résume le type du petit muscadin, élégant, bien tourné et séducteur. Les Bellon n'ont pas été faits comtes ou barons par la tradition, parce que les noms des familles nobles du pays, bien moins nombreuses alors qu'aujourd'hui, étaient trop connus des Niçois pour que ceux-ci eussent admis une investiture aussi téméraire ; mais ils ont été élevés au plus haut rang de la bourgeoisie et font partie de la cour de l'évêque et du gouverneur. Le montant du vol a été considérablement augmenté, surtout si on l'estime à plusieurs millions, comme je l'ai entendu souvent répéter : le peuple a une tendance marquée à grossir démesurément la richesse de ses héros.

Il aime aussi les antithèses, qui donnent du relief et frappent l'imagination ; aussi en introduit-il dans toutes les légendes. Dans la nôtre elles abondent : de notables bourgeois sont d'odieux assassins ; les Bellon quittent le gouverneur pour aller commettre un crime ; ils tuent le matin et à midi ils reçoivent à leur table les autorités ; le pape donne sa bénédiction à des brigands qu'il prend pour de fervents chrétiens, etc.

Les traditions (orales principalement) contiennent quelquefois des anecdotes naïves et puériles, inventées par des gens peu intelligents ou par des femmes pour amuser leurs enfants, quelquefois des aventures d'un romanesque échevelé, au fond sans intérêt. Il nous est parvenu un certain nombre des unes comme des autres, mais nous ne les avons pas transcrites parce que telles. Souvenons-nous toutefois de la composition de la bande des Bellon : le conteur, voulant exprimer qu'elle était parfaitement organisée, y a introduit un membre de toutes les professions, de tous les corps de métier qu'il a jugé utiles dans une association-type de malfaiteurs ; il a même pensé d'y joindre — on n'est jamais trop prudent — un avocat.

La verve populaire s'attaque souvent aux puissants du jour et certaines légendes ne sont que des satires dirigées contre eux. La nôtre ne comprend pas une allusion mordante contre les gouvernants, même contre le gouvernement révolutionnaire dont les Niçois eurent tant à se plaindre ; mais elle s'égaye, en passant, aux dépens des moines qu'elle nous montre se livrant béatement à leur péché favori de gourmandise.

Le détail burlesque, la plaisanterie grasse, qui permet au narrateur des commentaires croustilleux, propres à soulever le gros rire des auditeurs, se retrouvent dans l'anecdote des purges et des vomitifs ingurgités par les voleurs, sans le savoir.

Enfin lorsque le peuple transforme un fait en légende par la bouche de ses mille conteurs, il se soucie fort peu de la vraisemblance et recherche avant tout à provoquer l'intérêt et l'émotion, car il est plus sensible aux mouvements du cœur qu'aux spéculations du cerveau. La recherche de la vérité ne peut être l'œuvre que de l'homme capable de se soustraire, au moins momentanément, aux impulsions et aux suggestions. Et pour que le peuple ajoute foi à ses légendes, il faut qu'il les tienne pour vérités indiscutables, absolues, c'est-à-dire qu'il n'écoute, à leur endroit, que les impulsions de son cœur de croyant. Dès qu'il ne verra plus en elles des articles de foi et d'amour, dès qu'il les soumettra à l'examen de son cerveau et les passera au crible de son jugement, ces légendes auront vécu.

Prenons pour exemple les mystères et les miracles des religions désuètes : ils ne nous paraissent pas croyables, et cependant ils furent admis comme seuls vrais, pendant des siècles par des peuples de haute civilisation. Nous pourrions encore citer la légende napoléonienne en laquelle les vétérans avaient une croyance si aveugle et si irraisonnée qu'ils ne voulaient même pas admettre la mort de leur empereur ; et à Nice même, tout récemment encore, le culte fanatique, absolu que plusieurs de nos compatriotes avaient voué à Garibaldi, « lou nouastre bouan Pépin ! » n'était-il pas la manifestation d'une légende en formation ?

Mais nous nous écartons trop de notre sujet et il nous faut conclure.

Le peuple, de par ses facultés imaginatives, ses tendances sentimentales, et son peu de disposition pour l'analyse, restera toujours un grand bâtisseur de légendes ; et ces légendes, les chercheurs de documents ne les détruiront jamais, car ils parlent la langue de la raison à des auditeurs qui ne comprennent que la langue des passions. Une entente est donc impossible entre eux.

L'HISTOIRE

Au printemps de l'année 1815, une grande dame anglaise, la marquise de Bute (1), faisait un séjour à Nice à l'Hôtel des Étrangers, avec son fils et sa fille, tous deux en bas âge. L'existence princière qu'elle menait, le nombre de ses serviteurs, sa distinction, ses dépenses, la richesse de ses bijoux avaient attiré sur elle l'attention publique et excité les convoitises des malandrins.

Parmi ceux-ci, il s'en trouva deux qui, en apprenant son prochain départ pour Turin, conçurent le projet de piller son équipage sur la grande route : ils se nommaient Dominique Conte, dit Brancaléon, et François Bonifassio, dit Tata.

Lequel des deux eut la pensée du crime ? Conte affirme que c'est Tata : « Depuis quelques jours, dit-il, Bonifassio m'avait parlé de ce coup ; il m'avait « averti de me tenir prêt, qu'une richissime dame ánglaise devait partir, à la « quelle on pourrait enlever des objets de très grand prix qui nous rendraient « riches, sans lui porter un bien grave préjudice : car, étant donnée sa fortune, « un tel vol n'avait pas plus d'importance pour elle que si on lui prenait son « mouchoir dans la poche ; que quelqu'un préparait le coup dont la réussite était « certaine. Il me dit même que ce dernier lui avait montré la voiture et l'endroit « où seraient placés certains petits coffrets qui devaient contenir beaucoup d'ar- « gent et de bijoux ». Mais lorsque Conte parlait ainsi, Bonifassio était mort et son complice pouvait le charger impunément. En tous cas, ils furent tous deux les organisateurs du guet-apens : la preuve en est qu'ils se mirent à fréquenter l'auberge d'un certain Rabassin (2) où se réunissaient les voituriers et les gens de

---

(1) On lit dans sa déposition : « Je me nomme Françoise Coutts, veuve du marquis Jean de Bute, âgée de trente-six ans environ, née à Londres, y habitant et de passage à Nice : je possède une fortune de plus cinq millions de francs ».

(2) Cette auberge se trouvait au bout de la rue du Pont-Neuf (rue du Palais), sur le coté gauche en allant vers la Porte-Neuve ou Porte-de-France. Elle était donc à peu de distance de l'Hôtel des Étrangers. La femme de l'aubergiste Rabassin, Louise Raynaut, était surnommée Gouarba.

service de la marquise, qu'ils entrèrent en relation avec eux, mangèrent et burent souvent ensemble, tandis que Brancaléon essayait de se faire remettre des cartouches par un certain Tibaldo, domestique du colonel du régiment d'Aoste. Leur rôle de préparateurs du crime fut confirmé par tous leurs complices, qui déclarèrent qu'ils étaient entrés dans la bande sur leurs incitations.

L'agression étant décidée, il fallait trouver des agresseurs ; les deux brigands portèrent leur choix sur trois individus de leur connaissance : Antoine Bellon, dit Rostan, Gabriel Mera, dit L'Inglès et François Maria, dit La Verdura, et ils les engagèrent à déjeuner pour le dimanche, 14 mai, dans une auberge de la place Victor, tenue par un certain Giuglaris (1). L'invitation fut acceptée et chacun fut exact au rendez-vous.

Sur la demande de Bonifassio, le repas fut servi dans une salle à part, à l'entresol. Au moment de se mettre à table, La Verdura voulut introduire dans la compagnie un de ses amis, Bailon ; mais la proposition fut repoussée par Brancaléon et Tata, parceque Bailon passait pour être un espion de l'octroi : la présence d'un mouchard à ce repas-programme était certainement *indésirable*.

Que fut-il arrêté dans cette réunion ? D'après Conte, « à la fin du dîner, « Bonifassio dit de se tenir prêts ; qu'il avait un excellent coup dans les mains, « auquel chacun devait prendre part quand il en donnerait avis ». Selon La Verdura, « on n'y tint que des propos sans importance ; et Conte, qui voulait « badiner avec les filles Giuglaris, se livra à des bouffonneries insignifiantes ». Mais, suivant toutes probabilités, Brancaléon et Tata y développèrent leur projet, en faisant miroiter aux yeux de leurs convives les gros bénéfices et le succès certain de l'entreprise. Ils surent convaincre l'assemblée et l'aggression des voitures de l'anglaise fut décidée. On prit aussitôt les mesures les plus urgentes : L'Inglès et La Verdura reçurent la mission de choisir le lieu de l'agression ; en outre La Verdura devait ravitailler la bande à son passage à Drap et lui servir de guide pendant la retraite ; Conte et Bonifassio se chargèrent de surveiller les préparatifs de départ de la marquise ; enfin on convint de recruter quelques autres compagnons, et Bellon dut proposer et faire agréer ses trois cousins, Laurent Bellon, Antoine-François Bellon et Antoine Maïssa, ainsi que Joseph Dandreis, dit Gibassié, quelque peu allié à sa famille.

Voilà les futurs complices du crime : nous allons les présenter au lecteur.

Dominique Conte, dit Brancaléon ou Brancaï, avait trente-cinq ans : il était

---

(1) Cette auberge était située dans l'île 52 qui comprenait les maisons de la Place Garibaldi, entre la Rue de la République et la Rue du Pont Garibaldi. Elle était desservie par les trois filles de Giuglaris, dont l'aînée n'avait que vingt-quatre ans. Leur père, sergent au régiment de Nice, était parti depuis quelques jours avec son régiment. Elles avaient un frère qui était soldat en France.

né à Nice et habitait au quartier de la Buffa-Inférieure (1), sur la route de France, en face du jardin Suchi, avant d'arriver à la Croix-de-Marbre ; il tenait un débit de vins. Veuf depuis quelques mois, il était père de neuf enfants, tous en bas âge. Il possédait, dit-il, une fortune de trois mille francs ; et encore devait-il exagérer ; car les malfaiteurs ont toujours une tendance, devant les tribunaux, à se donner pour plus riches qu'ils ne sont ; en réalité il était dans la misère. Plus intelligent et plus actif que ses acolytes, sans toutefois avoir les qualités et l'autorité nécessaires pour en devenir le chef, il fut aussi le plus vil et le plus odieux d'entre eux.

Bonifassio (2) François, dit Tata, le voisin et le grand ami de Conte, était locataire ou fermier d'un jardin qui appartenait à un sieur Suchi, et y demeurait. L'emplacement de ce jardin n'est pas nettement désigné ; mais il se trouvait dans la Buffa-Première et n'était pas éloigné de la mer ; il se pourrait donc que la désignation donnée par le manuscrit fut exacte, a savoir que Bonifassio habitait dans un immeuble à l'ouest de la rue Halévy actuelle. Il était veuf et père de sept enfants, dont deux furent témoins au procès et dont le plus jeune n'avait que quatre ans. Au physique c'était un homme de quarante-sept ans, plutôt petit de taille, grisonnant, légèrement chauve, rond de figure, avec un long nez et des favoris. Il devait être un audacieux : au moment de l'attaque des voitures, il s'élança à la tête de ses complices ; et, à une observation qu'on lui faisait sur les conséquences périlleuses du crime, il répondit résolument : « Si nous devons mourir (sur la potence), c'est moi qui y passerai le premier, comme étant le plus âgé ; mais il ne faut pas avoir peur ».

Antoine Bellon, dit Rostan, avait quarante ans ; il ne possédait aucune fortune, et habitait à Saint-Sylvestre, sur la propriété d'Horace Pin, dont il était le métayer. Cette propriété était située au-dessus du vallon de la Clua, aujourd'hui Vallon-Obscur. Il était marié et père de trois enfants de neuf à cinq ans. Les témoins nous le dépeignent comme un homme de haute stature, brun, maigre, la figure osseuse, les yeux enfoncés. Un d'eux le croit « à demi bambarrou », et il dut l'être : car, après le crime, il fit preuve d'un entêtement stupide qui le perdit. Il n'avait aucune instruction et signait d'une croix. Quelque quinze ans auparavant, son frère Barthélemy avait été condamné à mort pour avoir tiré un coup de fusil sur un gendarme, au quartier du Var ; à cette occasion, il fut lui-même arrêté, puis remis en liberté après deux mois de détention préventive. Un frère de Conte avait été aussi impliqué dans cette affaire, mais il fut acquitté.

Laurent Bellon, trente-quatre ans, était marié et père de six enfants dont l'aîné avait douze ans et le plus jeune un an à peine. Il exploitait à Saint-

---

(1) Le quartier de la Buffa s'étendait du Paillon aux Baumettes, le long de la route de France : il était divisé en Buffa-Inférieure ou Première, qui devint le quartier Croix-de-Marbre, et en Buffa-Supérieure ou Seconde, qui s'appelle aujourd'hui quartier Saint-Pierre-d'Arène.

(2) On lit suivant les pièces « Bonifassio » ou « Bonifacio ».

Barthélemy-Supérieur un moulin à huile appartenant à un négociant nommé Astraudo, et habitait à côté du moulin. On ne trouve pas d'autres renseignements sur lui. Il se prétendit possesseur d'une fortune de plus de mille francs, mais il dut avouer aussi qu'il avait été emprisonné pour dettes. Un témoin rapporte qu'un an auparavant il avait participé à l'arrestation d'une diligence sur la route du Var, et de graves soupçons pèsent sur lui au sujet de plusieurs crimes du même genre, comme on le verra plus loin.

Antoine-François Bellon habitait chez son père à Saint-Barthélemy-Supérieur ; il était âgé de vingt-huit ans, marié, et père de deux enfants. Il déclara qu'il était propriétaire de biens d'une valeur de cinq mille francs. Il ne savait pas écrire.

De vieilles rancunes existaient entre les Bellon au sujet de la succession de leur commun grand-père, rancunes assoupies par le temps, mais non encore mortes ; ainsi, quelques mois auparavant, Rostan, ayant demandé à Laurent de lui restituer sa part d'héritage, celui-ci lui répondit : « *Vou donneren un tron que vou parte* ».

Antoine Maïssa était cousin des Bellon par sa mère Françoise Bellon, veuve de Jacques Maïssa. Il était âgé de trente-six ans et marié à une fille du témoin Vincent Gilli, dit Borguetto, dont il avait quatre enfants de un à dix ans. Il demeurait à Saint-Barthélemy-Supérieur sur une propriété de famille, que son frère et lui avaient vendue un an auparavant pour le prix de quatre mille quarante francs. D'après un témoin, Maïssa, comme Laurent Bellon, aurait fait partie de la bande qui attaqua, l'année précédente, une diligence au quartier du Var. Physiquement il ressemblait étrangement à Antoine Bellon, au point qu'on les avait quelquefois pris l'un pour l'autre.

Gabriel Mera, dit L'Inglès, peut-être petit cousin des Bellon, était locataire à Saint-Maurice d'une propriété appartenant au baron Milonis sur laquelle il habitait avec sa mère, sa femme et ses quatre enfants, âgés de quatre à treize ans. La famille vivait en état de profonde misère. L'Inglès, l'un des bandits les plus compromis, devait être un audacieux et même un téméraire ; car, dans la nuit qui suivit le crime, il eut l'impudence de se joindre à une patrouille qui recherchait les coupables. Petit, membru, rouge, le nez pointu, légèrement grisonnant, il était âgé de quarante-deux à quarante-quatre ans. On disait que « sous le gouvernement français L'Inglès faisait l'espion ».

Joseph Dandreis, dit Pépin Gibassié, le plus jeune et le seul célibataire de la bande, avait vingt-sept ans. Son père étant mort et sa mère remariée, il habitait chez son oncle, Marcel Dandreis, dans une maison sise au quartier de la Mantéga, que ce dernier tenait en location d'un sieur Vassalo-Torrini de Fougassières. Il appartenait à une famille très honorable, et Marcel Dandreis remplissait les fonctions de conseiller municipal de Nice de la troisième classe (artisans et agriculteurs) et devint consul en 1817. Sa famille était alliée par un mariage à celle des Bellon, et l'une et l'autre se considéraient unies de ce fait par des liens de parenté (1). Gibassié se révèle à nous comme une gouape de l'époque : il avait la réputation « d'aimer la bouteille, le jeu et les femmes » ; il courtisait une jeune fille de son quartier pour le bon motif, disait-il, et avait abusé d'elle ; il fréquentait de mauvaises sociétés, faisait de la dépense et passait pour riche (2). Il avait été condamné à trois jours de prison pour avoir pris part à un charivari. Grand, gras, blanc et rose, les traits accentués, le visage grêlé et le sourire aux lèvres, il portait de superbes « échantillons (3) fournis et avancés ». Sans fortune ni instruction, il savait à peine signer.

François Maria, dit La Verdura, âgé de quarante-neuf ans, était boucher à Drap ; mais auparavant il avait habité au Ray et peut-être y était-il né. C'était un fieffé contrebandier de viandes et il avait déjà eu maille à partir avec la justice (4). Après avoir été un des plus chauds partisans de l'agression, il eut au moment décisif une défaillance d'énergie ou un réveil de conscience et ne prit pas part au crime. La conséquence de ce revirement de la dernière heure fut que La Verdura, au lieu d'être assis au banc des accusés, comparut comme témoin, à la barre du sénat et que le ministère public, pour les besoins de l'accusation, estima sa déposition sincère et digne de foi. Si on examine ses déclarations on constate que Maria ne dit pas tout ce qu'il sait ; dès qu'il se sent compromis, il escamote le rôle qu'il a joué sous une prolixité de détails inutiles, et lorsque le magistrat enquêteur lui pose des questions nettes et précises, ses réponses n'en deviennent que plus vagues : il ne sait rien ou presque rien. Ainsi lorsqu'il fait le récit du repas du 14 mai, il s'étend avec complaisance sur

---

(1) Dandreis nous dit : « Je connais les Bellon depuis deux ans environ, soit depuis qu'un de leurs « cousins, Séraphin Bellon, a épousé ma sœur utérine, Marie Martina ».

Martina est le féminin de Martino. Certains noms de famille avaient, à Nice, un féminin: ainsi pour désigner la femme Bellon, on disait couramment la Bellona ; les femmes Bottau, Caraveu, Maiffret, s'appelaient la Bottala, la Caravella, la Maiffreda, etc. Cet usage n'a pas encore complètement disparu.

(2) « Il est suffisamment riche, dit un témoin, pourque je ne me soie pas étonné de lui voir passer « ses caprices ».

(3) D'après ce que j'ai cru comprendre, on appelait *échantillons* les gros favoris dont le poil était rabattu sur les joues, tels qu'en portaient la plupart des officiers de l'Empire.

(4) Résumé d'un procès-verbal dressé par deux commis des droits réunis, le 26 juin 1813 : « Etant « en surveillance du côté de Riquier, nous avons vu venir du côté nord un homme avec un âne chargé et « nous avons reconnu le sieur François Maria, dit La Verdure, de la commune de Drap, condamné par le « Tribunal Correctionnel à une amende de trente-six francs pour avoir insulté les préposés d'octroi, et « connu pour faire habituellement la fraude de la viande ». Les deux commis constatent que l'âne est chargé de trois sacs, dont deux remplis de viande ; alors Maria furieux saisit un des employés par les cheveux, le jette à terre, fait reculer l'autre à coups de pierres, er s'armant d'un gros couteau « menace de « poignarder celui qui approcherait de son âne. Dans cet intervalle, il donne un grand coup de pied au « ventre de l'âne qui prend la fuite » ; il échappe ainsi aux commis, mais non à leur procès-verbal. Nous ignorons la suite qui fut donnée à ce dernier.

l'odyssée d'un foie de veau et ne nous apprend rien sur le but de cette réunion (1). Il agira de même dans une autre circonstance encore plus délicate pour lui que nous raconterons dans le cours de notre histoire.

Bonifassio avait déclaré à ses compagnons qu'un autre complice préparait le coup pour lui, disant que « le ver était dans le fromage » et Conte nous apprend qu'il s'agissait d'un « certain Jacques, cocher, dont la femme avait été assas- « sinée quelques années auparavant dans son magasin près la Porte-Neuve (2) ». Mais Brancaï inventa probablement cette dénonciation, car il ne revint jamais sur son allégation et aucun témoignage ne la confirma. D'ailleurs il déclara qu'avant le crime, il s'était trouvé trois fois avec ce cocher dans l'auberge Rabassin et qu'ils n'avaient causé que de choses indifférentes.

Tous ces individus, fort peu recommandables et toujours prêts à l'occasion à se lancer dans le banditisme, n'étaient pourtant pas des assassins ; avant tout ils étaient des contrebandiers avérés. Grands videurs de bouteilles et amateurs de copieuses lippées, aussi peu enclins au travail que dénués de revenus, ils cher- chaient leurs ressources dans la pratique de la contrebande et surtout dans celle

______

(1) Voici le commencement de la déposition de La Verdura : « Le 13 mai dernier, j'avais apporté à Nice « un foie de veau pour le vendre, et je l'avais déposé le soir chez un certain Antoine Musso, débitant de « vins, place Victor. Le lendemain, jour de dimanche, j'allai l'offrir aux sœurs Giuglaris et nous convîm- « mes qu'elles l'auraient acheté pour trente-trois sous environ. En le leur apportant, je rencontrai un « certain Barriera, employé à l'octroi de cette ville, et craignant qu'il put saisir mon foie, je l'invitai à venir « le manger avec moi à l'auberge de Giuglaris ; ce qu'il refusa. Sous les portiques, je rencontrai ensuite un « certain Bailon que je soupçonnais d'espionner pour le compte des employés de l'octroi ; je l'invitai à « venir manger un morceau et boire un coup à l'auberge : il accepta. Dans l'auberge je trouvai Gabriel « Mera, dit L'Inglès, qui me fit boire et me dit qu'il attendait quelques compagnons pour déjeuner ensemble. « Il me proposa de manger avec eux, ajoutant qu'on ferait cuire un morceau de foie de plus. Brancaléon « arriva. Sur l'invitation des filles Giuglaris, nous montâmes au premier étage, où nous trouvâmes Antoine « Bellon et Bonifassio. Je voulus faire monter avec moi Bailon, mais Brancaléon et L'Inglès s'y opposèrent, « et j'ordonnai qu'on lui servit un morceau à part. Durant le repas on ne tint que des propos sans impor- « tance... »

(2) Ce cocher est Jean Bessi, dit Massola, âgé de cinquante-trois ans, qui conduira le fourgon des bagages de la Marquise, en tête du convoi, ainsi qu'on le verra plus loin. En 1809, sa femme, une mégère querelleuse et ivrognesse, exploitait une auberge mal fréquentée dans la rue du Pont-Neuf, en face de celle de Rabassin déjà citée. Le 18 juillet de cette année, elle fut trouvée, le matin, assassinée sur son lit. Les soupçons se groupèrent sur une fille publique surnommée La Romaine, qui avait disparu de Nice dès le lendemain du crime ; mais j'ignore si elle fut arrêtée et condamnée.

Jacques Bessi était alors en voyage, et voici à titre de curiosité le résumé qu'il en fit : Trois mois avant l'assassinat, « avec une petite charrette à un collier qui lui appartenait », il quitta Nice pour conduire à Milan un chef de bataillon qui s'était marié à Antibes. A Turin, il passa son voyageur à un autre voiturier, et partit pour Lyon avec trois officiers autrichiens. De là, il emmena à Grenoble la femme d'un conscrit, descendit à Nîmes avec deux dames et conduisit à Beaucaire un maître-perruquier qui allait y exercer sa profession pendant la foire. Massola séjourna près d'un mois dans cette ville, louant ses services aux gens qui s'y rendaient ou qui en retournaient. Puis avec de nouveaux voyageurs il partit pour Mar- seille et pour Aix, d'où il retourna à Nice, portant sur sa charrette « un piémontais qui avait l'air d'être « un homme comme il faut, un frère de M. Paul, juif, qui est le premier commis chez le sieur Avigdor, « et un autre individu qu'il croit s'appeler Trestour ». Brave cocher, pauvre cheval !

du tabac. Elle était si bien leur préoccupation constante que c'est en elle qu'ils trouvèrent une excuse à leur forfait ; en effet chacun d'eux allégua qu'il croyait que l'expédition de Fouont-de-Jarrié était une simple affaire de contrebande de tabac ; excuse d'ailleurs assez faible, car la fraude du tabac se faisait alors par la mer. Nous verrons aussi, au moment de leur arrestation, Antoine-François Bellon et Conte se donner pour des contrebandiers pourchassés par les douaniers.

Ainsi cette réunion de malfaiteurs n'était composée que d'individus sans fortune et sans influence. Il y a loin des Bellon des documents aux Bellon de la légende ; ces prétendus commensaux de l'évêque, ces familiers du gouverneur étaient des miséreux dont les nombreuses familles pâtissaient de la faim, et, par eux mêmes ou par leurs proches, ils avaient eu des démêlés avec la justice. Un témoin nous dit : « Ils étaient vêtus comme des paysans, avec de mauvais habits, presque des haillons (1) ». On verra l'un deux descendre à Nice de grand matin, derrière son âne chargé des barils coutumiers, pour aller, comme à l'ordinaire, vider une fosse d'aisance de ses propres mains.

Par l'âge des brigands, on s'est rendu compte que la soi-disant bande d'assassins, recrutée par les Bellon en 1792, est une pure invention. En effet à cette date, Bonifassio, le plus âgé des complices, avait vingt-quatre ans, l'ainé des Bellon, dix-sept à peine et Gibassié était encore un tout petit enfant.

Parmi tous ces criminels on ne compte pas une femme. Sauf Dandreis, qui est fiancé et que l'on dit coureur de jupons, et Conte, qui est veuf et a une maîtresse, ils sont tous mariés ou veufs et ne troublent d'aucune équipée galante leur vie de famille. Quant à leurs femmes, elles nous apparaissent comme des malheureuses, jamais comme des scélérates. Seule la maîtresse de Conte fut arrêtée et bientôt mise en liberté (2). Cet éloignement de l'élément féminin dans une bande de malfaiteurs serait chose rare aujourd'hui ; il mérite donc d'être signalé.

On aura remarqué aussi combien était fréquent l'usage des surnoms et des sobriquets. Cette coutume, très répandue encore dans nos campagnes, y était alors presque générale. Cinq complices sur huit en possèdent un, et la propor-

---

(1) Voici l'accoutrement de quelques uns d'entre eux, la nuit avant le crime : Conte avait un chapeau noir, une carmagnole gris foncé très usée, à la quelle manquaient presque tous les boutons, un pantalon de toile bleu-turquin en très mauvais état ; Bonifassio était coiffé d'un béret blanc très sale, vêtu d'un pantalon en étamine noirâtre et d'une veste courte couleur café, en piteuse condition, et chaussé de souliers troués ; Maïssa avait une veste de velours olivâtre décoloré, des pantalons de toile et un béret recouvert de toile cirée ; Laurent Bellon portait une vieille veste de drap blanc, une ceinture rouge et une chemise avec des boutons en argent ! Enfin quatre d'entre eux n'avaient pas même de bas.

(2) Le lecteur trouvera plus loin le récit de l'arrestation de cette femme qui a nom Marianne Pisan.

tion est à peu près la même parmi les témoins. Plusieurs de ces surnoms sont si inattendus et si piquants qu'il faut sourire lorsqu'on les rencontre.(1).

A partir du dimanche 14 mai, les événements se précipitent. Les bandits se réunissent le lendemain au Restaurant des Dames, sur le Cours, et y déjeunent ensemble ; puis Mera, Conte et Bonifassio se rendent au domicile de ce dernier, où Laurent Bellon est convoqué. On lui expose le coup à tenter et il se laisse persuader. Maïssa, sollicité par Conte et Tata, et Dandreis et Antoine-François Bellon, que Mera est allé circonvenir, donnent leur adhésion. Quant à La Verdura et L'Inglès, ils parcourent la route de Turin à la recherche du lieu favorable à l'agression.

Les bandits, persuadés que le départ de Mme de Bute était fixé pour le mardi matin, devaient se réunir dans la nuit de lundi ; mais ce fût une fausse alerte : on sut la veille au soir que le voyage avait été retardé. Aussitôt « L'Inglès qui portait le mot d'ordre de Nice » fut dépêché auprès des complices pour arrêter l'expédition. Celui-ci attendit Rostan « à la sortie de la bénédiction de St-« Barthélemy et lui annonça qu'on ne marchait pas. Alors tous deux allèrent « immédiatement à Drap pour prévenir La Verdura, qui comptait sur le passage « de la bande pendant la nuit, de ne pas l'attendre et de conserver la viande pour « un des jours suivants ; à quoi La Verdura répondit que pendant trois ou quatre « soirs il ne bougerait pas de chez lui ».

Le départ de Mme de Bute est imminent ; Conte en suit les préparatifs : il sait qu'on boucle les malles, il voit mettre les voitures en état, il connait l'emplacement des coffrets à bijoux ; et le mercredi dix-sept mai à midi, en déjeunant à l'auberge Rabassin avec trois cochers, Bessi, dit Massola, Annibal Dandreis (2) et Maurin (ou Mandrino ?), il apprend que la Marquise doit partir le lendemain matin. Aussitôt Bonifassio se met en campagne pour avertir les complices et Conte se rend vers quatre heures à la place Victor, où il avait fixé un rendez-vous à Laurent Bellon ; il y rencontre un témoin, Boyer, qui l'aborde, mais Brancaï, embarrassé et préoccupé, lui dit quelques mots et le quitte vivement. Laurent arrive et tous deux vont boire une bouteille au Café Cauvin (3) pour causer à leur aise. Laurent retournait chez lui, lorsque sur le Pont, il rencontra Tata qui revenait de Saint-Barthélemy, où il s'était rendu pour le mettre au courant.

---

(1) Voici quelques surnoms amusants relevés dans les pièces judiciaires de l'époque : Un paysan est dit La Pavana ; un autre, Lou Dindou ; un pêcheur, L'Emberit ; une fille à soldats, Sartaya ; un portefaix, Cougourdon ; Pierre Guiglion, Lou Pantou ; Antoine Ravel, Balarin ; Joseph Maria, Lou Viroulet, et Ciarles répond au nom au moins harmonieux de Bua. Enfin le barbet André Camos s'appelle Rabatoun ; (il est même qualifié dans une pièce officielle de « brigand de profession, soudoyé par le Roi des Marmottes ».)

(2) Ce Dandreis était établi maréchal-ferrant non loin de l'Hôtel des Etrangers ; il semble n'avoir aucun lien de parenté avec Dandreis, dit Gibassié.

(3) Le Café Cauvin se trouvait place Garibaldi entre le boulevard du Pont-Vieux et la rue Ségurane, dans l'île 56.

Rostan, qui travaillait dans la matinée sur une terre située au Pas-Rouge (1), vint à Nice l'après midi. En descendant la rue de la Croix, au coin de la Palla, il glissa et fit une chute assez douloureuse, mais qui ne l'empêcha pas de continuer sa route quelques instants après. (Cet accident prendra plus tard une grande importance). Que vint-il faire à Nice, sinon chercher des renseignements? Et pourquoi prétendit-il plus tard qu'il avait emmené son âne pour aller vidanger, alors que les témoins ne virent aucune bête de somme auprès de lui? Dans la soirée il retourna à Saint-Sylvestre.

Tout était prêt, les complices prévenus, l'ordre de marche arrêté, le lieu du rendez-vous fixé. Dès la nuit, les bandits devaient se diriger en trois groupes sur un point de concentration, au bord du Paillon, au dessous du couvent de Saint-Pons, et s'y rencontrer à dix heures.

Conte accompagna Tata au pré Suchi et, pour pouvoir s'entretenir plus longuement, il ne retourna pas à son domicile et mangea chez son ami.

----

(1) Lieu du quartier Saint-Sylvestre, au Vallon Obscur.

* *

Les organisateurs de l'expédition, Tata et Brancaï, partirent ensemble à huit heures pour arriver les premiers à Saint-Pons. Comme Conte n'avait pas d'armes, Bonifassio prit deux carabines qu'il cacha sous son manteau, et, pour ne pas être remarqué, il passa par la plage et le lit du Paillon, tandis que son camarade suivait la route de France. Ils se rejoignirent dans le pré situé derrière la Barrière et s'acheminèrent ensemble vers l'église de St-Pons, en passant par l'*Eau Fraîche* (1).

Antoine-François Bellon avait été chargé de prévenir Dandreis à la Mantéga. Il se rendit donc après le repas du soir à la maison de ce dernier, jeta quelques petites pierres contre sa fenêtre et l'appela sans se montrer ; Gibassié, qui était déjà couché, se leva promptement et suivit son compagnon ; chacun d'eux avait un fusil.

Le troisième groupe était formé des quatre autres complices ; Rostan devait, à la nuit, en descendant de Saint-Sylvestre, prendre en passant Maïssa, puis L'Inglès et Laurent Bellon. Ce dernier, à neuf heures, se morfondait encore auprès de son moulin ; à bout de patience, il siffla son voisin Mera, et tous deux se communiquèrent leurs inquiétudes ; puis, énervés par l'attente, ils se mirent en route sans leurs compagnons, Laurent armé d'un petit sabre et d'un pistolet, L'Inglès d'une carabine et d'un couteau de cuisine. Ils furent bientôt rejoints par les retardataires, munis également de carabines. Alors tous les quatre, derrière Mera qui prit la tête, se dirigèrent vers Saint-Pons.

A dix heures et demie on était réuni. On repartit aussitôt en suivant la rive droite du Paillon, bien moins passante que l'autre, longée par la route de Turin. Au village de la Trinité, la rive droite devenant impraticable, la bande traversa le torrent et prit le grand chemin. A minuit et demie elle arrivait à Drap et se dirigeait vers la maison de La Verdura. Celui-ci la conduisit dans un jardin voisin, apporta de la viande, du pain, deux grosses bouteilles de vin et l'on se restaura à la belle étoile.

Dans sa déposition. Maria, dit La Verdura, raconte cet épisode, toujours avec le même souci de ne pas dire un mot de trop et la même crainte de se compromettre. Selon lui, Mera vint le réveiller, un peu après dix heures ; pour des raisons très vagues, il avait préparé deux rôtis de veau ; et aussitôt il s'empresse de fournir force détails inutiles, sur le degré de cuisson de la viande, sur le prix qui fut convenu et qui lui était encore dû... etc. Il nomme ses com-

---

(1) L'Eau-Fraîche est une source qui naît dans les jardins situés au nord de la Place d'Armes.

plices que la justice connait déjà, mais il voudrait épargner Rostan, dont la participation au crime n'était pas encore prouvée ; et ce n'est que sur les questions pressantes du magistrat enquêteur qu'il se décide à donner une réponse à peu près précise sur ce point. Il ne sait rien de ce que disaient entre eux ces prétendus contrebandiers ; et comme on lui faisait comprendre l'invraisemblance d'une telle allégation, il se souvient que l'un d'eux avait dit : *« Oh ! lou bouan tabac, coura l'auren ! »* et pas un mot de plus. Le sénateur chargé de l'enquête (1), que l'on devine un homme d'esprit, inséra dans son procès-verbal, telle qu'elle fut prononcée en patois niçois, la réponse peu compromettante de ce témoin averti et méfiant (2).

Mais si La Verdura n'entendit rien des propos des bandits, il oublia aussi les paroles qu'il leur adressa : « Courage, amis, leur dit-il, mangez et buvez... Dépêchez-vous ; il peut passer des gens sur la route qui nous verraient ou nous entendraient ». L'honnête témoin avait sans doute l'oreille dure et la mémoire courte !

A une heure après minuit, on se remit en route dans la direction de l'Escarène, sous la conduite de La Verdura. Près du Pont de Peille, on croisa deux hommes et l'un d'eux, J.-B. Folco, qui venait de Saorges, rapporte le fait en ces termes : « Nous rencontrâmes huit ou neuf individus portant des manteaux et « quelques-uns armés, mais je ne distingai pas leurs traits ; nous leur dimes : « Qui va là ! » ils ne répondirent pas. Ils allaient deux à deux et l'un d'entre « eux était au milieu. Lorsqu'ils furent passés, je dis à mon compagnon que

---

(1) Nous verrons plus loin que l'instruction de toute l'affaire qui nous occupe fut confiée au sénateur comte Hilarion Spitalieri de Cessole.

(2) Extrait de la déposition de La Verdura : « Mercredi de la semaine passée, vers dix heures du soir, « Gabriel Mera, dit L'Inglès, vint chez moi à Drap et me demanda si j'avais de quoi manger. Je lui dis que « oui, car, à cause de l'approche du vendredi, j'avais fait cuire deux morceaux de veau pour les conserver « jusqu'au dimanche et j'ajoutai que la viande n'était pas assez cuite : il me répondit qu'il la prenait telle « qu'elle était, ainsi que deux bouteilles de vin. Comme je lui demandai quels étaient ses compagnons et « où ils allaient, il m'avoua qu'ils formaient une bande et qu'ils allaient faire de la contrebande. Je lui « donnai les deux rôtis au prix convenu de six sous la livre,* sur le pied de neuf livres, et les deux bouteilles « de vin ; il promit de me régler le tout quand nous nous retrouverions à Nice. Mera et ses compagnons « mangèrent à plus de vingt-cinq pas de ma boutique : je reconnus parmi eux, outre Mera, Brancaléon, « Laurent Bellon, François Bonifassio, Antoine-François Bellon, Antoine Maïssa. Joseph Dandreis et Antoine « Bellon ; quant à ce dernier, je crois bien l'avoir reconnu, mais je conserve quelques doutes, parce qu'il « portait un mouchoir qui lui couvrait le front. Ils ne s'arrêtèrent pas plus d'un quart d'heure, puis ils « se mirent en route vers l'Escarène. Les uns avaient des armes ; quant aux autres, comme ils portaient « des manteaux, j'ignore s'ils en avaient de cachées. Je suis certain de ne pas avoir confondu Antoine « Bellon avec un autre et je crois que c'est bien lui, à cause de sa stature et de la maigreur de son visage, « que j'ai remarquées dans l'individu dont il s'agit. Mera fut le seul qui m'adressa la parole ; les autres « causaient bas entre eux et je n'entendis pas d'autres mots que ceux-ci : *« Ob ! lou bouan tabac, coura* « *l'auren »*. Ils avaient presque tous des manteaux sur le dos ou en bandoulière ; l'un deux portait un « chapeau de paille, un autre una *peloucha*, sorte de bonnet rond de fourrure hérissée, et les autres des « chapeaux noirs. Mera me demanda quel était le chemin pour monter en Agel, je le lui indiquai. Ils « auraient bien voulu que je leur servisse de guide, mais je refusai ».

* La livre Niçoise pesait 300 gr. environ.

« celui qui marchait seul devait être le chef ; il me répondit : « Ils vont par
« ordre supérieur arrêter quelqu'un » ; et j'ajoutai : « Peut-être pour les contri-
« butions». Et sans soupçons nous continuâmes notre route vers Nice ». Plaisante
méprise de ces braves gens qui prennent des brigands pour des gendarmes, et
surtout réflexion caractéristique de l'un d'eux qui démontre combien le paiement
des impôts était lourd et pénible dans notre pays, après tant d'années de guerres
et de misères.

Enfin, la bande arrive sur l'emplacement arrêté pour l'agression.

Lorsqu'après le hameau de la Pointe-de-Contes, on suit la route nationale
204, dite encore aujourd'hui route de Turin, on longe la rive droite du torrent
de la Garde ; plus loin les montagnes se rejoignent et le chemin semble sans
issue. Mais les eaux de la Garde se sont creusé un étroit passage dans le roc
et ont formé un défilé tortueux long de cent cinquante mètres environ ; et la
route taillée dans la rive droite côtoie un précipice à pic sur le torrent.

Dans ce défilé, la vue barrée par les masses rocheuses du Pincarvin au-
dessus du chemin, et du Palaréa (1) au-delà du vallon, ne découvre de tous
côtés que de petits pins rabougris, poussés dans la pierraille ; et la voix, pas plus
que la vue, ne peuvent percer les parois abruptes qui les enserrent. Mais bientôt
les montagnes s'écartent et la route débouque sur le lieu dit Fouont-de-Jarrié.

Ce quartier tire son nom d'une source abondante et limpide qui naît dans
le lit même de la Garde, sous un rocher en contrebas du chemin, et qui, aussitôt
arrêtée par un barrage, est canalisée vers un prochain moulin à huile.

Tout le long du défilé, les escarpements du Pincarvin surplombent la
route, sauf en un point, vers le milieu, où d'anciens éboulis ont formé une
pente accessible. C'est à ce point que la tradition situe l'agression et les
renseignements fournis par les pièces confirment cette tradition (2). Il faut
reconnaître que le lieu se prête parfaitement à un guet-apens et qu'il ne s'en
trouve pas de plus favorable depuis Nice. Les constructions que l'on voit
aujourd'hui en amont et en aval de la cluse n'existaient pas ou n'étaient pas
habitées. La maison Dalbera, dont il sera parlé, était située assez loin, vers la
Pointe-de-Conte. Les sinuosités de la route facilitent aussi l'attaque d'un convoi,

---

(1) Ce versant du mont Palaréa, qui appartient aujourd'hui à la Société Pavin-Lafarge, dont les usines
de ciment sont sur la route de Contes, faisait autrefois partie du domaine du comte de Falicon.

(2) Voici la description du lieu du crime que donne le Dr Thomas dans sa déposition : « Il est situé
« à une heure environ de distance de l'Escarène. En cet endroit la route est assez étroite et en montée ; à
« droite, les eaux d'une source courent entre les rochers et forment un précipice ; un peu au-delà du point
« où furent arrêtées les voitures, se trouve un pont ; à gauche ce sont des rochers escarpés ; au-delà du
« vallon, à droite, est un bois que l'on m'a dit appartenir à M. le comte de Falicon ». Comme on
le voit, les souvenirs du témoin sont très précis. A la sortie du défilé, la route passe sur un petit pont, à
quelques mètres en aval de la source de Jarrié. Cette route est à peu près plane aujourd'hui ; peut-être la
montée dont parle le Dr Thomas a-t-elle été supprimée, dans une rectification de tracé.

car une voiture ne peut apercevoir l'agression de celle qui la précède que lorsqu'elle tombe elle-même dans l'embuscade et les accidents du terrain permettent à des brigands de se dissimuler aisément et de surveiller au loin le chemin des deux côtés du défilé. Le choix de ces gorges dénote chez La Verdura et Mera de l'observation et peut-être une expérience bien compromettante.

Lorsque la bande arriva sur les lieux, Maria, soit par crainte, soit par remords, recula devant l'horreur et les responsabilités d'un tel crime, et inventa un moyen de se séparer de ses compagnons : « Sous prétexte qu'on devait lui « amener deux veaux, rapporte Conte, il rebroussa chemin, disant que, si on ne « le trouvait pas chez lui, il pouvait être découvert ; il promit de revenir a huit « heures », ce qu'il se garda bien de faire. Avec lui les brigands perdirent le guide qui, pendant la retraite, devait les conduire par les sentiers de la montagne, connus de lui seul.

Il était environ deux heures du matin. Que faire jusqu'à l'arrivée du convoi ? « Nous nous portâmes à l'écart, à quarante pas environ de la route, et là, nous « dormîmes jusqu'à huit heures. Au réveil, on procéda aux déguisements ». Bonifassio sortit de sa poche un petit paquet de suie dont quelques-uns se barbouillèrent la figure ; Conte se coiffa d'une « *scouffia* » (1) et s'entoura le visage d'une bande de gaze noire ; d'autres enfin pendirent à leur chapeau un morceau de toile cirée avec deux trous pour les yeux ; Dandreis s'était affublé d'une sorte de turban. Puis ils échangèrent leurs vestes et leurs manteaux. « Pendant que nous attendions les voitures, continue Conté, un de mes compa- « gnons (Bonifassio) nous avertit que le fils du cocher Gilli, dit L'Orbo, portait « une ceinture de peau contenant vingt-cinq louis pour les frais du voyage, « mais qu'il n'y fallait pas toucher parce qu'il n'était pas assez riche. Je recom- « mandai de ne faire du mal à personne, et, à plusieurs reprises, je tentai de les « décider à nous retirer à cause de l'heure avancée, mais personne ne voulut y « consentir ». Chacun des complices prétendit avoir donné le même conseil ; ce qui prouve que personne ne le donna.

---

(1) Coiffe en soie, tricotée que portaient les femmes du peuple à Nice les jours de fête.

* *
*

Le jeudi 18 mai, vers six heures du matin, Mme de Bute partait de Nice à cheval, accompagnée d'un sieur Mortlock (1) et suivie de deux domestiques également montés. A huit heures, Ferdinand Styr, qui avait la direction du voyage, fit partir le fourgon conduit par Jacques Bessi, dit Massola, et un autre Bessi, dit Maurin (ou Mandrino ?). Peu après suivit la première voiture attelée de quatre chevaux et guidée par Gilli fils et Curti ; elle portait des domestiques. Puis ce fut le tour de la dernière, avec les cochers Annibal Dandreis et Mongardini, dans laquelle avaient pris place le fils et la fille de la marquise, leur gouvernante, le médecin particulier de la famille, le Dr Thomas Thomas (2), et un valet de chambre de confiance nommé Briod. Enfin, Ferdinand Styr partit lui-même à cheval, accompagné de Gilli père, dit L'Orbo.

Mme de Bute arriva vers dix heures à l'Escarène, « sans avoir, dit-elle, remarqué rien de suspect sur son passage », et descendit à l'auberge de Barthélemy Daprat. Au même moment ses voitures étaient arrêtées à Fouont-de-Jarrié.

Lorsque le bandit aux aguets signala le convoi, ses compagnons descendirent sur le grand chemin. Deux d'entre eux furent désignés pour occuper une petite hauteur à l'issue du défilé vers la source de Jarrié, enfin d'empêcher les passants qui pouvaient se présenter d'avancer. Les autres se divisèrent en trois groupes, et chacun de ces groupes devait arrêter une des voitures ; enfin un des brigands avait mission, sitôt que le convoi serait à leur merci, de se porter en arrière et de surveiller la route du côté de la Pointe-de-Contes. Le plan fut ponctuellement exécuté.

Après que le fourgon se fut engagé dans l'embuscade, Bonifassio s'avança vers le postillon Bessi, dit Massola, porta la main sur lui, et l'apostropha en le regardant bien en face ; ce dernier descendit aussitôt de cheval (3).

---

(1) Edmond Mortlock, né à Cambridge, vingt-huit ans, pasteur et gouverneur des enfants de la marquise.

(2) Le Dr Thomas Thomas, cinquante ans, né à Londres, y demeurant.

(3) Que faut-il penser de la conduite de Bessi ? Etait-il d'accord avec Tata, ainsi que celui-ci l'avait annoncé à ces compagnons ? Nous ne le croyons pas, car si l'accusation avait pu recueillir des présomptions sérieuses sur sa complicité, elle l'aurait compris dans les poursuites ; en outre nous allons voir Bessi, pendant le pillage, reconnaître Conte, et s'empresser de communiquer sa découverte à deux des cochers, ce qu'il se serait certes gardé de faire s'il avait été de connivence avec les brigands. Plus probable est qu'il céda aux injonctions de Bonifassio, qu'il ne reconnut pas, injonctions que la carabine armée du bandit rendit persuasives. Pourtant l'instruction conserva toujours des doutes sur la conduite de Massola ; la preuve en est dans la question suivante qu'elle posa à Dandreis : « Quelqu'un parmi vos compagnons n'a-t-il pas parlé d'un certain Jacques, cocher, qui conduisait une des voitures et qu'a-t-il dit de lui ? » Dandreis répondit d'ailleurs qu'il n'avait rien entendu sur ce sujet.

3

A mesure que les voitures étaient arrêtées, les brigands obligeaient les voyageurs à mettre pied à terre et les cochers à s'agenouiller sur le bord de la route. En descendant, le jeune fils de la marquise, effrayé, offrit de lui-même sa bourse. Ils couchaient en joue les récalcitrants et leur portaient quelques coups de crosse de fusil, mais ne blessaient personne. Ils parlaient français, disant aux conducteurs : « Halte-là ! » (sic) et aux domestiques : « N'ayez pas peur ! » (sic). Le D' Thomas suivait à pied, à petite distance, la berline de queue qui allait au pas : devant l'agression, il se dépêchait de rejoindre le convoi, lorsque un homme masqué, armé d'une carabine, d'un pistolet et tenant un couteau dans les dents, lui dit : « Donnez-moi votre montre « (sic) : ce qu'il fit ; un peu après, un autre ajouta : « L'argent » (sic) ; et il s'exécuta encore.

La curée avait commencé : Bonifassio, qui savait où se trouvaient les bijoux, pénétra dans la seconde voiture, s'empara de divers coffrets et parvint, à coups de crosse, de pierres et de marteau, à en briser cinq ; il jetait les objets précieux en tas sur la route, et ses complices en remplissaient leurs chapeaux et leurs poches. La dernière berline contenait surtout du linge et des effets d'habillement : on empila la lingerie dans deux châles et on en fit rapidement deux ballots. Mais les bandits, faute d'instruments, ne purent venir à bout du fourgon, du coffre placé derrière la voiture de queue et de quelques cassettes, dont une, contenant trois cent cinquante napoléons, fut trouvée intacte. Jacques Bessi reconnut Brancaléon à la voix et à la physionomie ; il signala sa découverte à Laurent Styr et dit à Félix Sazia : « Je jurerais que l'un des assassins est Dominique Conte » ; mais la divulgation d'un tel secret, dans de telles circonstances, pouvait être dangereuse et Bessi ne souffla plus mot.

Durant le pillage, divers voyageurs, venant du côté de l'Escarène, arrivèrent successivement à la Fouont-de-Jarrié. Ils furent arrêtés par les sentinelles qui leur criaient : « *Art-là ! vautre non riscas ren ; ferma-vou perque en arrié* « *li a de contrabanda* ». Ces paroles et la menace des fusils couchés en joue suffirent amplement pour tenir en place ces braves gens : il y avait là deux hommes et une femme de Sospel, deux charretiers avec leurs charrettes chargées de bois, un soldat et... un gabelou. Fâcheuse situation pour ce douanier, obligé d'attendre que s'achevât un acte de contrebande ! Aucun voyageur ne se présenta en aval de la route.

Quelques habitants des environs furent témoins du crime. Un jeune paysan de la Pointe-de-Contes, Jean-Antoine Ravel, dit Colomban, et sa sœur Lucrèce ramassaient du bois sur la pente du Pincarvin, juste au-dessus des bandits et en chargeaient leur âne : ils virent d'abord trois hommes armés qu'ils prirent pour des gardes-forestiers ; un peu plus tard ils remarquèrent huit individus qui se masquaient et s'enveloppaient de manteaux ; puis ils assistèrent à l'arrestation des voitures. Un des brigands s'approcha alors de Lucrèce et lui dit en niçois : « Jeune fille, éloignez-vous ! » et tous deux s'écartèrent par crainte.

Un autre jeune homme, Rosalinde Camos, dit Rennet, de la Vernéa, aperçut aussi l'agression : plus décidé, il courut aussitôt ameuter les voisins, et envoya prévenir son père ; celui-ci se trouvait dans la maison Dalbera, située du côté de la Pointe, où le notaire de Contes, Scuderi, rédigeait un acte devant quatre personnes (1). Tous s'armérent pour le mieux et se dirigèrent aussitôt vers Fouont-de-Jarrié.

L'émotion et l'indignation furent générales parmi les paysans des alentours; des groupes se formèrent pour marcher contre les voleurs. Bientôt arrivèrent les *milices* de l'Escarène : la poursuite allait commencer.

La nouvelle du crime fut apportée à l'Escarène par Ferdinand Styr qui dut arriver à bride abattue dans ce village vers dix heures et demie. Comment Styr, qui assista à l'arrestation du convoi, put-il se rendre en si peu de temps dans un lieu situé à près de six kilomètres de distance? Nous ne le savons (2), mais on peut supposer que ce témoin, qui chevauchait en avant des voitures, ne fut pas agressé, mais vit le commencement du drame, ou bien que, pendant le pillage, il profita d'un défaut de surveillance pour sauter à cheval et s'enfuir.

Quoi qu'il en soit, les *milices* ne mirent pas longtemps pour arriver sur les lieux ; et comme la curée dura plus d'une heure, il devait être onze heures et demie lorsqu'elles se réunirent aux paysans du quartier.

---

(1) Voici les noms de ces quatre personnes : Jean Dalbera, dit Portanelli ; Ludovic, son frère, Joseph Cauvin et Barthélemy Comos, dit Rennet.

(2) Nous n'avons pu retrouver un dossier de l'affaire contenant les dépositions de Ferdinand Styr et des cochers, et nous ne possédons sur ces dépositions que des notes prises par le ministère public qui sont parfois laconiques et qui ne disent rien sur ce point.

Brancaléon prétend que lorsque le forfait fut consommé, les brigands battirent d'eux-mêmes en retraite ; en réalité, à l'approche de tant de gens armés, ils prirent la fuite en désordre, emportant précipitamment leur butin. « Nous « nous dirigeâmes vers la colline qui est à gauche de la route, dit Conte ; « Laurent Bellon et Joseph Dandreis, autant qu'il me semble, portaient chacun « un paquet rempli de linge ; moi j'avais mon chapeau noir plein de *dorures* « et d'autres objets de prix ; je le donnai à porter à Maïssa ». Brancaï avait aussi des *dorures* dans les poches, comme A.-F. Bellon et les autres. « A peine « étions-nous à une distance de tir de fusil que nous entendîmes crier : « Arrê« tez-les ! Arrêtez-les ! » et que nous vîmes des hommes armés qui nous « poursuivaient ».

Les brigands escaladèrent les premières hauteurs du Pincarvin, puis coupérent à travers les pins dans la direction du Paillon, en pleine déroute. La peur s'était emparée d'eux et chacun ne pensait plus qu'à son propre salut ; tant pis pour les retardataires. « Un de nous, poursuit Conte, Maïssa ou Gabriel je crois, « tira un coup de carabine (1). Bientôt Dandreis et Laurent Bellon jetèrent leur « ballot. Laurent et Bonifassio restaient plus en arrière; Antoine-François Bellon « et moi nous détalions prestement, mais nous ne pouvions nous maintenir « auprès des quatre autres ».

Bien qu'allégé du paquet de lingerie, Laurent perdait peu à peu son avance: se voyant aux abois, il se défit des objets volés qu'il emportait. Les paysans le rejoignirent sur le sommet de la colline de Crosatier ; ils ne lui laissèrent pas le temps de se défendre : les deux frères Gilli lui assénèrent deux coups de crosse de fusil sur la tête, si rudes, qu'un des fusils en fût brisé. Dalbera Joseph le terrassa, tandis que leurs compagnons le bourraient de horions (2). Le bandit, croyant qu'on allait le tuer, criait : « Confession ! ». Essoufflé, couvert de sueur, à bout de force, il ne put même pas se servir de ses armes : le pistolet et le sabre qu'il avait à son départ de Nice et une carabine enlevée aux cochers du fourgon.

---

(1) Ce coup de fusil fut tiré par Antoine Bellon dans la direction du notaire Scuderi et de Ludovic Dalbera ; mais aucun d'eux ne fut atteint.

(2) Voici les noms des personnes qui prirent part à la poursuite de Laurent Bellon et à son arrestation : Joseph et Antoine, frères Dalbéra, dits Portanelli, de la Pointe-de-Contes ; Joseph et Ludovic, frères Gilli, de la Vernéa ; Gaëtan Faraut, dit lou Quinson, de la Pointe ; Antoine Ravel, dit Colomban, de la Pointe ; le notaire Scuderi, de Contes ; l'abbé Bermondi ; Jacques Gasiglia, de la Vernéa ; Barthélemy Camos, dit Rennet, de la Vernéa ; Joseph Cauvin ; Joseph Gasiglia, de Contes ; Hyacinthe Robin, dit Rafel, de la Pointe.

On le fouilla et on retira de ses poches un écu de cinq francs, trois sous et un petit portefeuille contenant un nécessaire de dame, qui furent remis au notaire Scuderi. Puis on le lia de cordes et on le conduisit à la maison Dalbera. Là, comprenant toute l'horreur de son crime et se sentant perdu, « il s'abandonna au « désespoir et suppliait les personnes présentes de lui enlever la vie par cha- « rité, pour sauver l'honneur de sa famille, disant qu'il préférait mourir plutôt « que d'être conduit à Nice ». Il fut dirigé sur l'Escarène, et, le même soir, interrogé par le juge de paix du canton, Antoine Alardi (1), il ne put qu'avouer sa culpabilité ; mais, pour ne pas dénoncer ses complices, il prétendit que ceux-ci étaient des gens venus de Ligurie et qu'il n'en connaissait aucun, sauf Bonifassio, leur chef, qui l'avait entraîné dans cette malheureuse équipée en l'assurant qu'il ne s'agissait que d'une affaire de contrebande de tabac.

---

(1) Le juge Alardi fut assisté de Jean-Honoré Cappatti, notaire, faisant fonction de greffier.

*
* *

Tandis que Laurent Bellon était conduit à la maison Dalbera, les gens de la Pointe aperçurent un autre brigand sur la propriété de Michel Gras ; celui-ci alla en toute hâte sur le lieu indiqué et découvrit dans un *cannié*, étendu à terre et incapable de résistance, un homme qui « avait la figure noire et les « mains blanches et qui disait :« Malheur à moi ! ils seront passés par Levens ». Gras dépêcha son garçon à la maison Dalbera, et aussitôt accoururent quelques voisins (1). Ce bandit était Bonifassio. On fouilla ses poches gonflées et lourdes, et on sortit un mouchoir rempli de *dorures* dont une partie tomba à terre. Alors une autre curée eut lieu : quelques-uns de ces pauvres gens ne purent résister à la tentation ; ils se précipitèrent sur cet or et s'emparèrent de tout ce qui tomba sous leurs mains.

Etrange fascination de l'or sur notre faible mentalité ! Ces braves montagnards qui poursuivaient des voleurs, volontairement, sans idée d'intérêt et au péril de leur vie, furent à ce point affolés par la vue de tant de richesses qu'ils se firent voleurs eux aussi.

Pour obtenir la restitution de ces joyaux, la justice dut sévir : la nuit même du 18 mai, le juge suppléant de l'Escarène, Uberti, perquisitionna au domicile de trois des habitants de la Pointe qui furent arrêtés et conduits aux prisons de Nice ; mais le Parquet eut le bon esprit de ne pas les poursuivre ; il comprit que l'occasion avait fait les larrons. Le sénat eut un geste de pardon et par décret du 30 mai suivant, il rendit la liberté à ces bonnes gens, ahuris de leur mésaventure, et victimes indirectes du crime des bandits.

Lorsqu'on voulut conduire Tata à la maison Dalbera, il fut incapable de marcher ; « il était presque en état de convulsion », dit le témoin Robin ; mais les paysans, persuadés qu'il faisait preuve de mauvaise volonté, le passèrent énergiquement *à tabac ;* et, comme la manière forte ne put le remettre d'aplomb, ils se virent obligés de le soutenir et de le porter presque jusque chez Dalbera, où déjà Bellon était maintenu prisonnier. Alors les deux complices furent hissés sur des mulets et dirigés vers l'Escarène sous bonne escorte. Mais Bonifassio était toujours dant le même état comateux ; « il soupirait et se laissait tomber « tantôt à droite, tantôt à gauche ; ce que voyant, un des cochers de l'anglaise « lui donna un coup de crosse de fusil dans le dos en lui criant : « *Brigand,*

---

(1) Prirent part à l'arrestation de Bonifassio : Michel Gras et son garçon ; François Auda ; Joseph et Ludovic, frères Gilli ; Joseph et Antoine, frères Dalbera ; Jacques Gasiglia ; Hyacinthe Robin ; Thomas Delserre, dit Fastidi ; Gaëtan Faraut, dit Quinsoun et Joseph Gasiglia.

« *camina !* » (1) Pour le maintenir en équilibre sur sa monture, on lui avait passé au cou une corde dont Thomas Delserre, dit Fastidi, tenait le bout par derrière et qu'il tirait à lui lorsque le misérable perdait l'aplomb ; mais comme cette manœuvre était fatigante pour Fastidi, et que le village de l'Escarène était encore loin, « Félix Sazia proposa d'attacher la corde, qui lui liait le cou, à la clef du bât : ce qui fut exécuté ». Enfin, on fit tant et si bien, qu'avant d'arriver à l'Escarène, on s'aperçut que le misérable était mort : « il avait la bouche « pleine de bave et le visage encore machuré de noir ».

On emmena son cadavre devant le juge Alardi qui nomma aussitôt deux experts, les médecins Peglione et Fulconis, pour l'examiner et déterminer les causes du décès. Ceux-ci, après un rapide examen, se basèrent sur la tuméfaction du visage, la trace livide qui encerclait le cou et l'écume qui emplissait la bouche et les narines, pour conclure à la strangulation. Ils constatèrent aussi que le cadavre portait de nombreuses ecchymoses « qui auraient été guérissables » ; elles étaient la conséquence des coups dont les paysans avaient si largement gratifié leur prisonnier.

Le juge dressa ensuite un procès-verbal de la reconnaissance du corps qui fut établie par Jacques Bessi, dit Massola, et un sieur Honoré Chauvet, fabricant de cuir à Nice, et ordonna l'inhumation. Ainsi finit François Bonifassio, dit Tata, l'un des deux organisateurs du crime et peut-être son concepteur.

Quelles furent les causes de sa mort ? Fut-il frappé d'une congestion cérébrale provoquée par la fatigue de la fuite ? La chose est possible, mais non certaine. La légende, qui veut que les brigands aient bu avec excès des liqueurs fortes dérobées dans les voitures, donne à première vue la solution du problème ; mais cette solution résiste-t-elle à l'examen ? Pas un témoin ne vit les pillards se livrer à la boisson ; pas un des paysans, assurément experts dans la matière, ne s'aperçut que le bandit était ivre-mort tout simplement. Enfin, des quatre coupables arrêtés en quelques heures, seul il fut trouvé dans cet état de prostration. On peut encore supposer, en se basant sur la légende, que seul il but quelque flacon d'une liqueur additionnée d'un soporifique, laquelle, prise à haute dose, l'aurait stupéfié ou empoisonné ; mais, dans la liste des objets disparus, la marquise ne mentionne ni bouteille, ni flacon, et les dossiers sont aussi muets sur la question de poison que sur celle de l'ivresse.

Bien au contraire, on peut supposer que c'est le mystère entourant cette mort qui a donné naissance à la légende.

Le décès de Tata eut pour effet de le transformer en bouc émissaire chargé des péchés de la bande. Dès que l'un des brigands aura besoin de rejeter un fait compromettant sur un de ses complices, c'est presque toujours le mort qu'il choisira : les absents ont toujours tort.

---

(1) Ces deux mots sont ceux portés dans le texte ; le sénateur enquêteur a jugé bon de conserver intact cet échantillon de la langue française qu'avaient apprise les gens du pays pendant vingt-trois ans de nationalité française. Les notes du ministère-public portent : « Allons, brigand, camina ».

* *

L'arrestation des deux brigands n'avait pas suspendu la poursuite ; d'autres groupes de miliciens donnaient la chasse à leurs complices ; le *bailli* de Contes, dès l'annonce du crime, avait réquisitionné des gens, les avait lancés à la recherche des bandits, et les patrouilles s'augmentaient sur leur passage de nombreux volontaires.

Le Gibassié et L'Inglès prirent une telle avance que l'on perdit leurs traces. Maïssa et Antoine Bellon en avant, Conte et Antoine-François Bellon plus en arrière, faisaient la même route. Ils passèrent le Paillon en amont de la Pointe, évitant ainsi la grande voie qui était certainement gardée. Soit dans ce torrent, soit dans quelque source rencontrée sur leur passage, ils lavèrent hâtivement leurs figures barbouillées de noir, puis ils gravirent la colline de Barban, dans l'intention de regagner Nice en suivant les sentiers qui longent les pentes de la vallée.

Leur itinéraire allait être le suivant : atteindre le quartier de Bordinas, en passant par le Villar, et de là descendre sur l'Abbadie, Saint-André et Saint-Pons ; ils pouvaient aussi franchir le col de Bordinas, traverser le Paillon de Tourettes, monter à Falicon et aboutir au Ray.

Une femme Castelli, épouse Brocart, habitant Peira-Strecha, qui se trouvait dans le lit du Paillon lorsque passèrent les fugitifs, mit les miliciens sur la bonne piste.

Laissons pour le moment les quatre bandits les plus en avance, pour nous occuper exclusivement des deux trainards, Brancaï et Antoine-François Bellon.

Comme leurs poches pesantes les gênaient, ils entassèrent leur butin dans un mouchoir, dont Bellon prit charge. En arrivant au Villar, vers une heure de l'après-midi, ils se présentèrent au domicile de Paul Roux, fermier du Comte Torrini(1), et demandèrent à boire : ils étaient sans chapeaux, baignés de sueur, à bout de souffle. Coups sur coups, ils vidèrent trois bouteilles de vin, puis ils remplirent un petit *fiasco* qu'ils portaient sur eux. Malgré les rasades avalées et peut être à cause d'elles, ils n'étaient plus capables de fournir un long effort. En sortant de chez Roux, ils rencontrèrent un paysan, Ludovic Dalbera, des Cognasses, et pour lui expliquer leur présence dans ce quartier, ils se donnèrent pour des contrebandiers. « L'un d'eux, dit ce témoin, me « demanda si je fumais ; je lui répondis négativement ; alors ils m'offrirent du

---

(1) La propriété Torrini appartient aujourd'hui aux héritiers du Dr Lacan ; de la route nationale, on la voit, perchée sur les hauteurs de la rive droite du Paillon, en amont des Cognasses.

« tabac du Brésil à acheter, si j'en désirais. Ils me prièrent de leur indiquer la
« route d'Aspremont et s'acheminèrent dans la direction que je leur montrai ».
Mais sans forces pour aller plus loin, ils gravirent quelque temps encore les
hauteurs du Touart et se jetèrent dans le bois, espérant y trouver un refuge
assuré.

Un jeune homme, Jean-Antoine Ellena, qui descendait de la montagne
aux Cognasses, avec son âne chargé de bois, les vit passer et remarqua « qu'ils
n'avaient pas de chapeaux ». Lorsqu'arrivé chez lui, il apprit l'agression de
Fouont-de-Jarrié, il eut la certitude que les individus rencontrés étaient du
nombre des bandits ; alors il retourna sur les lieux et se joignit aux miliciens.

Ceux-ci s'engagèrent dans le bois du Touart et le fouillèrent à fond. Enfin,
vers cinq heures, ils découvrirent les deux brigands cachés dans « le bois de
Trinchiera, qui se trouve à un quart d'heure de distance » de celui du
Touart (1).

Ces derniers étaient couchés dans une « *bauma* » sous un rocher à pic en
dehors de tout passage ; ils n'avaient pas d'armes. Devant la menace des fusils
couchés en joue, ils se laissèrent arrêter sans opposer de résistance. « Leurs
traits étaient contrefaits, leurs visages rouges et ruisselants de sueur, et l'un
d'eux portait encore des traces noires près des cheveux et aux oreilles ». On
leur lia les mains derrière le dos avec des bouts de corde et des mouchoirs.
Interrogés, ils prétendirent ignorer le crime commis dans la matinée ; ils
revenaient, dirent-ils, de San-Remo, où ils étaient allés prendre du tabac en
contrebande, et rentraient à Nice par des chemins détournés, afin d'échapper
aux poursuites des douaniers qui leur donnaient la chasse. Pour appuyer
leurs allégations, ils sortirent de leurs poches des « morceaux de Brésil » et en
offrirent aux miliciens (2) ; ceux-ci confisquèrent aussitôt cette marchandise
frauduleuse, par horreur de la contrebande ou par goût immodéré du tabac, le
lecteur appréciera.

Pendant ce temps, le témoin Véran avisa à quelques pas un tas de pierres
et de brindilles fraîchement remuées et découvrit au-dessous un mouchoir
rempli d'argent et de bijoux. On ne trouva pas sur le champ leurs armes,
parce qu'ils les avaient cachées dans les anfractuosités d'un rocher ; mais un
témoin étant revenu sur les lieux, le lendemaïn, ne tarda pas à les découvrir.

---

(1) L'arrestation des deux bandits fut opérée par Charles Penchienat, de Contes, qui fut le premier
à les apercevoir ; Alexandre Barraja, maréchal-ferrant à Contes ; J.-B. Véran, dit Sicilian, de Contes ;
Ludovic Dalbera, et Jean-André Ellena, des Cognasses.

(2) Le tabac du Brésil, le plus recherché par les fumeurs de notre région, à cette époque, était
roulé en bâtons ; d'où l'expression « un morceau de Brésil ». Dans une autre circonstance, Conte dit :
« A.-F. Bellon acheta, pour huit ou neuf sous, un morceau de tabac brésilien de contrebande, dit *Rouleau*
(sic), long d'un pan et demi, et moi j'en pris un petit morceau qui me fut donné en cadeau ».

Ils furent conduits à l'Escarène, où ils arrivèrent le même soir. Aussitôt le juge donna ordre de les fouiller ; dans les poches de Bellon on ne trouva que quelques menues monnaies, un petit couteau, une cartouche et un peu d'étoupe ; mais de celles de Conte on sortit, outre son couteau et quelques objets sans importance, la *scouffia* de filoselle et le voile de crêpe noir dont il s'était masqué, six balles de divers calibres, deux doubles napoléons et deux simples, un demi-doublon de Savoie, trois pièces d'or de Hollande, deux d'Angleterre, une pièce d'argent et deux carlins aux armes du pape et une médaille : la variété de ces pièces de monnaie indiquait suffisamment leur provenance. Quant au tabac, il n'en restait presque plus ; il s'était probablement évanoui en fumée.

Pendant la nuit, Brancaléon, enfermé dans la prison de l'Escarène, fit passer quelques bijoux, qu'il avait réussi à dissimuler, à un soldat du régiment d'Aoste, qui était de garde, « afin qu'il lui achetât quelque chose pour manger ». Le soldat les remit au sergent commandant le détachement, qui les consigna à la justice.

Les trois détenus ne furent conduits aux prisons de Nice que trois jours après.

.* .

Une autre troupe de miliciens (1) poursuivait Rostan et Maïssa. Les deux fuyards faisaient la même route, mais à quelque distance l'un de l'aute, et communiquaient souvent entre eux. Ils se dirigèrent aussi vers le Villar, en avance sur Conte et A.-F. Bellon. L'un d'eux portait une carmagnole de velours bleu turquin et un mouchoir rouge sur la tête ; ses poches étaient lourdes et gonflées ; l'autre avait un chapeau de paille. Tout près du Villar, le premier demanda à un petit garçon, puis à un campagnard, de lui indiquer une auberge ; on lui montra une maison dans laquelle il trouverait du vin, et le brigand s'y rendit.

Mise au courant du fait, la milice, qui arriva peu après, vers une heure et demie, se rendit au cabaret désigné ; elle y apprit que l'homme au mouchoir rouge avait commandé du vin, et raconté que, pendant son sommeil, on lui avait dérobé son chapeau : qu'il s'était ensuite assoupi sur l'aire pendant quelques instants, pour repartir bientôt dans la direction de Saint-André. Ce bandit, dont on ignorait le nom, était Antoine Bellon, dit Rostan.

L'autre était Maïssa ; il atteignit le Villar presque en même temps que son complice ; une jeune fille rapporta aux miliciens « qu'elle avait vu passer un autre individu avec un chapeau sur la tête et une veste bleu turquin » (2).

Après le Villar, les miliciens perdirent la piste des coupables ; ils tinrent conseil et décidèrent de former trois patrouilles ; l'une d'elles se rendit à Falicon et fit fausse route, et les deux autres battirent inutilement la montagne jusqu'à Saint-André. C'était pourtant cette direction que Rostan et Maïssa avaient suivie ; plusieurs témoins en apportent la preuve : l'un d'eux, Claude Mars, (3) nous dit : « Un individu portant une veste de velours bleu turquin et

---

(1) Les dossiers ne citent que trois d'entre eux: J.-B. Fulconis, chirurgien ; J.-B. Gally, étudiant ; François Blanchi, arpenteur, tous trois de l'Escarène.

(2) Cette carmagnole bleu turquin possédait le don d'ubiquité: elle apparaissait sur le dos, tantôt de l'homme coiffé d'un mouchoir rouge, tantôt de celui qui portait un chapeau. Les témoins ont-ils commis des confusions entre les deux cousins qui, nous le savons déjà, se ressemblaient étrangement ? Ceux-ci échangèrent-ils leurs vestes pour dépister les gens à leurs trousses ? Petit incident duquel Rostan voulut plus tard tirer des conséquences importantes. Il se pourrait aussi que les deux fuyards ne fussent qu'un seul et même individu dédoublé dans les souvenirs peu précis des gens qui l'aperçurent. A l'appui de cette hypothèse, il existe une déclaration de Dandreis qui affirme que Maïssa faisait route avec Mera et lui, et que ce même Maïssa ne les quitta que lorsqu'ils passèrent au-dessous du Mont-Chauve. Le doute que nous venons d'exposer nous est purement personnel.

(3) La déposition de ce témoin fait partie d'un dossier que je n'ai pu retrouver. J'ai consigné ici le résumé de son témoignage tel qu'il est rapporté dans un dossier non officiel qui m'appartient.

« coiffé d'un mouchoir rouge, vint dans notre maison située à l'Abbadie, quar-
« tier de la Bouisse, au-dessus de Bordinas ; il me demanda du vin : je lui dis
« que je n'en avais pas. Je ne vis pas sa figure, mais il était plutôt grand et
« paraissait âgé de trente-cinq ans. Ses poches devaient contenir des objets
« pesants. Il alla se coucher à cinq cents pas environ de notre propriété. » Un
autre, Guillaume Bollié, rapporte ce fait : « Je travaillais sur ma propriété au-
« dessus de l'Abbadie, lorsque, vers deux heures, je vis passer un homme que
« je ne connaissais pas ; il n'avait pas de chapeau, mais un mouchoir rouge sur
« la tête ; il portait une veste de velours verdâtre. Il me demanda s'il y avait
« des vaches à vendre dans les environs et où il pourrait trouver un verre de vin
« à boire. Sur le premier point je ne répondis rien ; quant au vin, je lui indi-
« quai l'auberge voisine de César Bailet. Je l'ai vu à une distance de quarante
« pas. » Enfin, le bandit fit les mêmes questions au témoin Véran, de l'Abbadie.

Rostan se rendit donc à l'auberge désignée et fut servi par la jeune Félicie
Bailet, fille du cabaretier. Après son départ, survinrent les gens de l'Escarène,
et tous reconnurent, sur le signalement qui leur fut donné, le bandit qu'ils poursuivaient depuis Fouont-de-Jarrié.

Les miliciens retrouvèrent encore la piste des brigands à Saint-André, où
on leur apprit que l'homme au mouchoir rouge avait rejoint l'homme au chapeau
de paille et s'étaient séparés presque aussitôt.

A partir de ce moment, ce fut Maïssa qui détint la fameuse carmagnole
bleu turquin. et on ne revit plus Rostan de la soirée. Quant à son compagnon,
il se rendit chez un de ses parents, Denis Teisseire, qui demeurait au dessous du
village. Ce dernier était absent, mais il arriva peu après, vers deux heures et
demie ; le bandit lui raconta qu'il l'attendait depuis avant midi, qu'il avait été
chargé d'une commission pour lui de la part de leur commun beau-frère, César
Gilli, au sujet d'une *saumée* (1) de veau. Les deux amis vidèrent une bouteille
et il était près de six heures lorsque Maïssa prit congé.

Alors se déroula une suite de scènes dignes d'un vaudeville. Laissons
d'abord la parole à Jacques Cauvin, carabinier royal à cheval, envoyé à St-André par ordre supérieur à la recherche des bandits ; « Dès que eûmes connais-
« sance de l'agression, moi et le carabinier Sartoris, nous nous transportâmes
« sur le lieu de Saint-André et là nous prîmes les dues dispositions pour que, ni
« dans ces lieux, ni dans ceux circonvoisins, il ne put passer une personne
« inconnue ou suspecte sans être arrêtée par nous ou par les miliciens. Trois
« heures après, soit vers six heures, je rencontrai non loin de la maison Teis-

---

(1) Le mot employé par le texte est «salmata» qui signifie charge, fardeau. Peut-être Maïssa a-t-il
employé le mot niçois « saumada », c'est-à-dire la charge d'une bête de somme, d'une ânesse, «sauma».

« seire, un homme qui fumait du tabac (1). Lui ayant demandé d'où il venait, il
« me répondit qu'il sortait de chez Denis Teisseire, son beau-frère; et l'ayant in-
« terrogé sur son domicile, il dit qu'il était de Saint-Barthélemy et qu'il se trouvait
« depuis avant midi sur le lieu de Saint-André, où il était venu pour parler à Teis-
« seire. Je le fis retourner dans ladite maison, et, Teisseire étant appelé, je posai
« à ce dernier les mêmes questions que j'avais faites à cet homme et je reçus des
« réponses identiques à celles dudit individu. Voyant que leurs déclarations
« concordaient et trouvant à cet individu un air tranquille qui n'éveillait en moi
« aucun soupçon, je le laissai partir. Peu après nous rencontrâmes (au-dessous des
« moulins de St-André) les miliciens de l'Escarène qui nous apprirent qu'ils
« poursuivaient deux hommes, l'un portant un mouchoir sur la tête et l'autre
« un chapeau de paille et une carmagnole de velours turquin. » A ce dernier
signalement les gendarmes reconnaissent l'homme qu'ils avaient relâché ; ils le
recherchent vainement et retournent enfin chez Teisseire, auquel ils reprochent
la fausseté de ses allégations et qu'ils menacent de toutes les foudres dont ils
disposent. Teisseire, peu rassuré et ayant le pressentiment de quelque malheur,
complète ses réponses premières, donne des détails plus précis et déclare que la
personne recherchée s'appelle Maïssa. Cauvin lui ordonne alors de les conduire
au domicile du bandit. L'infortuné Teisseire s'exécute et, pour calmer l'orage
qu'il entend gronder sur sa tête et rentrer dans le giron des bonnes grâces de la
gendarmerie, conduit d'abord les redoutables carabiniers à la maison de Vincent
Gilli, dit Borguetto, beau-père de Maïssa, où il pensait bien que ce dernier se
serait arrêté pour boire un coup.

Notre *rescapé*, après avoir si heureusement glissé des mains de la maréchaussée, reprit le chemin de Nice sans méfiance. Comme il passait à proxi-
mité du domicile de son beau-père, il jugea convenable de le saluer et de
causer quelques instants avec lui, car Maïssa, on le verra, était un parfait
bavard. Il alla donc visiter Vincent Gilli, et, tandis qu'il expliquait son absence
à la fête religieuse de Saint-Barthélemy par son voyage à Saint-André, tout à
coup, sur le chemin, il aperçut les gendarmes accompagnés de Teisseire. Faus-
ser compagnie à son beau-père et disparaître dans la campagne, fut pour l'imprudent parleur l'affaire d'un instant ; et Cauvin raconte ainsi sa seconde décon-
venue : « Comme Teisseire ne nous avait pas prévenu que nous approchions de
la maison Gilli, j'arrivai à découvert et Antoine Maïssa, qui s'y trouvait effecti-
« vement avec une autre personne, me vit et s'enfuit en toute hâte. Sartoris et
« moi nous descendîmes de cheval et nous le poursuivîmes vainement. » Et les
deux Pandore s'en allèrent bredouille. Alors Vincent Gilli s'en fut à la recherche

(1) La surveillance que déploya le zélé carabinier ne fut pas si absorbante qu'il veut nous le faire
accroire ; il était allé rendre une petite visite à sa tante Thérèse Cauvin, Vve Carlin, qui était voisine
de Teisseire, lorsqu'il eut la chance de voir passer l'homme qui fumait du tabac.

de son gendre qu'il retrouva caché à peu de distance, et, mis en méfiance par son étrange conduite, il lui demanda s'il avait participé au crime commis dans la matinée : Maïssa protesta énergiquement, et ajouta qu'il avait appris à Saint-André qu'Antoine Bellon, Gabriel Mera et Dandreis avaient été au nombre des agresseurs. C'est la première fois que Maïssa révèle son secret : il commettra dans la suite bien d'autres indiscrétions.

Pendant ce temps nos deux carabiniers, dignes ancêtres de ceux d'Offenbach, toujours sous la conduite de Teisseire, arrivèrent devant la maison du brigand, comptant prendre la pie au nid ; mais la pie n'y était pas.

Ici nous touchons au dénouement de la farce et ce dénouement est dramatique : le gendarme Cauvin ne pouvait rester sous le coup de tant d'échecs successifs : il fallait une revanche réparatrice, éclatante, et cette revanche il la prit en arrêtant le dénommé Denis Teisseire. Par cet acte valeureux il sauva l'honneur du corps d'élite auquel il appartenait et conserva à la maréchaussée le bon renom de son flair subtil et infaillible. Quant au malheureux Teisseire, après trente trois jours de détention, il bénéficia de l'indulgence de l'Excellentissime Sénat Royal de Nice qui décréta qu'il n'y avait pas lieu à poursuites contre lui.

.˙.

Nous avons vu que, lorsque la déroute commença, Mera et Dandreis prirent une forte avance ; ils disparurent bientôt et ne furent pas poursuivis par les milices. Gibassié nous apprend qu'il fuyait seul, lorsqu'il fut rejoint par L'Inglès et Maïssa ; ce dernier portait un coffret plein d'or et de bijoux ; il le posa à terre et dit : « Qui en veut en prenne, sinon d'un coup de pied j'envoie le tout dans un précipice ! » et Dandreis, indigné, s'empressa de remplir ses poches. Puis ils reprirent la fuite de conserve. On ignore l'itinéraire qu'ils suivirent ; on sait seulement que Mera, d'après Dandreis, lava sa figure barbouillée de noir « dans un petit torrent qui doit couler près de Tourrette » ; qu'il contournèrent le mont Chauve sur le versant de Nice ; que pendant ce trajet, Maïssa quitta ses compagnons ; et que ceux-ci, vers trois heures de l'après-midi, se séparèrent à Saint-Pancrace, après avoir réuni les bijoux dans un mouchoir, dont prit charge Lou Gibassié.

Ce dernier retourna chez lui par le vallon de la Mantéga : il allait sans veste, sans souliers, les pantalons retroussés jusqu'aux genoux. A Pessicart, tout à coup, il entendit un bruit de pas, près de lui, dans les broussailles ; se croyant traqué, il s'arma de deux gros cailloux, prêt à se défendre : ce n'était que François Garchié, son ami, le cousin de sa fiancée, qui poursuivait un renard ; et l'on causa quelques instants. Avant d'arriver à sa maison, Pépin cacha son trésor sous un tas de pierres. Chez lui il ne trouva que la domestique, et, comme il avait grand faim, il lui demanda à manger ; celle-ci lui servit une salade. Il ressortit bientôt, disant qu'il allait à l'affût au lièvre, et se rencontra avec son oncle Marcel.

Ce brave homme devait avoir une bien triste opinion de son neveu, car après quelques paroles sans importance, il lui demanda confidentiellement si par malheur il n'aurait pas participé à l'agression. Pépin répondit négativement, mais l'oncle Marcel, pas convaincu, revint à la charge et fit quelques réflexions sur les précautions à prendre au cas où il eût été coupable. A la fin son neveu avoua et raconta sa criminelle équipée. Pendant le récit, Marcel Dandreis se mit à pleurer et se livra à des gestes de désespoir ; puis il conseilla à Joseph d'aller se cacher dans le vallon pour éviter d'être arrêté et de l'y attendre. Ils se retrouvèrent plus tard au lieu convenu ; l'oncle se fit indiquer la cachette des bijoux, donna quelques conseils à son neveu et le quitta pour ne plus le revoir.

Gibassié erra toute la soirée dans le quartier. Un voisin l'invita à prendre part au repas du soir de sa famille : il n'accepta pas. A la nuit faite, il alla voir sa fiancée, Catherine Garchié ; et, comme ils causaient tous deux sous la treille, la mère de Catherine, qui redoutait pour sa fille les assiduités de ce coureur de jupons, et le soupçonnait de l'avoir séduite, sans intention de mariage, la fit rentrer. Dandreis, après être resté quelques instants indécis, partit...

Si Mera avait tenu à passer par Saint-Pancrace et à confier son butin à son complice, c'est qu'il avait arrêté un plan de conduite : comme il était propriétaire dans ce quartier, il voulait y faire constater sa présence dans l'espoir de se créer un alibi. Il se mit donc en quête de témoins et en trouva trois : son ami, le tisserand Faraut, qui certifia que L'Inglès coupait des brindilles pour les vers à soie, le même jour, *vers midi* ; le paysan Cicion qui, monté sur un olivier pour *accanner* les olives, le vit passer, vers trois heures et demie, sur la route d'Aspremont à Nice et le salua à travers le feuillage ; et un certain Isnard avec lequel il fit, peu après, une cinquantaine de pas dans la direction de la ville. A ce dernier il raconta qu'il était fatigué pour avoir coupé des ramilles depuis le matin, dont il avait fait une *saumée* pour son mulet ; que celui-ci suivait le grand chemin, tandis qu'il avait pris le sentier de traverse, afin d'arriver à temps pour la bénédiction, au couvent de Saint-Barthélemy.

Cependant le bruit de l'agression et de la capture de quatre des bandits s'était rapidement répandu, le jour même, dans Nice et la banlieue (1) ; mais on ignorait les noms des brigands en fuite, sauf toutefois celui de Maïssa. L'émotion était grande, surtout entre Saint-Etienne et le Ray, où habitaient trois des coupables connus ; on y cherchait les trois autres complices parmi les membres des familles Bellon et parmi ceux qui n'avaient pas assisté aux offices du couvent de Saint-Barthélemy où l'on avait fêté la St Félix. Rostan fut un des premiers suspectés, et nous en avons une preuve : au repas du soir, la famille d'Horace Pin s'entretint des mauvais bruits qui circulaient sur le compte de son fermier, Antoine, et chacun, loin d'en être étonné, convint que la rumeur publique pouvait bien dire vrai, d'autant plus que Rostan était « à demi *bambarrou* ».

Les inévitables racontars avaient même si démesurément grossi les choses et provoqué une telle crainte dans ces quartiers que, des patrouilles y ayant été commandées pour des services étrangers au crime (2), les paysans furent persuadés qu'elles avaient pour mission d'arrêter les coupables. Ici trouve sa place un fait déjà cité, que nous a rapporté le témoin Révélat et qui, pour son originalité, mérite bien d'être rappelé : « J'avais été désigné pour une patrouille. Vers deux heures du matin, tandis qu'avec les miliciens nous allions à la recherche des personnes suspectes, Gabriel Mera vint se joindre à nous, armé, je crois, d'un fusil, disant qu'il avait aussi reçu l'ordre de marcher », ce qui d'ailleurs était faux.

------

(1) Le témoin J.-B. Mari, marchand de comestibles à la Bourgade, déclara qu'un certain Antoine Gautié, courtier, le mit au courant du crime le matin même du dix-huit mai, vers onze heures.

(2) Une de ces patrouilles avait été commandée pour la garde du pont du Var ; une autre pour rechercher un galérien évadé.

*
* *

Le même jour du 18 mai, une femme fut arrêtée à Drap comme complice des brigands ; or, coïncidence singulière, cette femme avait été la maîtresse de Conte et l'était peut-être encore.

Elle se nommait Marianne Pisan, épouse Pierre Autier, était âgée de vingt-quatre ans, née à Nice et habitait route de France. Elle vivait, dit-elle, « du travail de ses mains », séparée de son mari, encombrée d'enfants. Deux ans auparavant, elle avait connu, « pour son malheur», Brancaï, son voisin, et ils cohabitèrent environ onze mois, jusqu'à ce que par ordre de l'autorité, ils dussent cesser leur liaison. Seuls, les enfants de Brancaléon venaient encore chez elle pour jouer avec les siens ; mais ceux-ci n'allaient jamais à la maison de Conte, qu'ils avaient en aversion. Lorsque ce dernier s'absentait, il envoyait ses neuf enfants à la femme Autier, avec quelques sous, pour qu'elle les surveillât et pourvût à leur nourriture ; à cela seulement, au dire de Marianne, se bornaient les relations de l'ex-faux ménage.

Les déclarations de Conte concordent à peu près avec celles de son ancienne maîtresse. Il lui faisait parfois de petits cadeaux en argent, pour la récompenser des soins qu'elle donnait aux enfants, et, à l'occasion, il causait avec elle ; mais « il n'allait plus à son domicile, parce que cela lui avait été prohibé par M. l'avocat Milon, remplissant les fonctions d'avocat fiscal général, à cause de l'amitié qui avait existé entre elle et lui. »

Quant au ministère public, il ne croyait pas à la séparation des deux amants ; il dit en effet, en parlant de Conte et de ses *« pessime qualità »*, que ce dernier, « comme il l'avait avoué, entretenait, depuis quelques années, au grand scandale public, des relations déshonnêtes avec une certaine Marianne Pisan, de laquelle il avait eu deux enfants. »

La veille du crime, dans la soirée, la femme Autier alla acheter au lieu dit « la Poudrière » des plants de légumes à la fermière de la baronne Grimaldi. Le lendemain matin, elle partit avec un âne qu'elle louait à raison de vingt sous par jour et se rendit à l'Escarène pour y revendre ses herbages : elle y arriva vers dix heures, sans qu'à son passage à Fouont-de-Jarrié, elle ait vu les brigands.

A l'Escarène, elle se rencontra avec les gens qui emmenaient le cadavre de Tata, qu'elle ne reconnut pas ; mais lorsqu'on lui eut dit son nom, elle retrouva en lui les traits de son voisin, « le paysan de M. Suchi. »

Vers quatre heures et demie, elle se remit en route pour Nice. A Drap, elle prenait un peu de repos dans une auberge tenue par Marcelline Vaïno, lorsque trois soldats lui intimèrent l'ordre de retourner à l'Escarène, « parce qu'elle portait l'argent volé à l'Anglaise. » On lui conseilla de laisser son âne à l'écurie de l'auberge, mais elle ne voulut pas se séparer de lui, pour mieux prouver, dit-elle, qu'il n'avait aucune charge suspecte : en réalité par crainte qu'il arrivât malheur à son compagnon de misère.

A son arrivée à l'Escarène, elle fut écrouée. Comme dans son interrogatoire elle déclara qu'outre Conte et Bonifassio elle connaissait vaguement les Bellon et se souvint même de les avoir vus, deux mois auparavant, à un bal champêtre près la Croix-de-Marbre, et que quelques témoins avaient aperçu, pendant l'agression, une femme avec un âne, non loin des brigands, au-dessus de la route, l'instruction maintint la femme Autier en état d'arrestation.

En réalité, au moment du crime, la malheureuse vendait publiquement ses herbages à l'Escarène, entre autres personnes à l'ancien maire Uberti ; et la femme entrevue par les témoins était Lucrèce Ravel qui, avec son frère, chargeaient de bois leur âne, sur les pentes du Pincarvin.

Et d'ailleurs quel rôle aurait pu jouer la femme Autier à Fouont-de-Jarrié ? Il n'était pas nécessaire de ravitailler la bande dans une expédition qui ne devait pas durer vingt-quatre heures ; il n'y avait pas besoin d'un âne pour transporter les bijoux et l'argent de la marquise ; enfin, si elle avait assisté au pillage, comment aurait-elle pu échapper aux miliciens qui arrivaient à la fois de l'Escarène et de la Pointe-de-Conte ?

La vérité est que cette pauvre femme parcourait les villages des environs de Nice pour y vendre ses plants de tomates ou d'aubergines et gagner péniblement quelques sous qui l'empêchaient, elle et ses enfants, de mourir de faim : la malechance seule la conduisit à l'Escarène le jour même du crime.

Elle resta sous les verrous pendant trente-deux jours, soit jusqu'au 20 juin suivant. Après cette trop longue prévention, le Sénat, sur les conclusions du substitut Milon, ordonna son relax. Ces conclusions sont ainsi conçues : « Quant à Marianne Pisan, suspectée de complicité dans la dite agression à main armée, il ne ressort des faits aucun indice qui puisse induire à supposer que directement ou indirectement elle ait pris part à la dite agression ; par conséquent il n'existe aucun motif pour prolonger davantage sa détention, et l'*Uffizio* conclut au relax sans dépens. »

En réfléchissant sur l'agression de Fouont-de-Jarrié, on est amené à faire quelques observations toutes naturelles.

Et d'abord, les coupables se révèlent-ils des professionnels du crime, comme le veut la légende ? Certes c'était des malfaiteurs toujours à l'affût d'un coup de main, mais ils n'étaient que des malfaiteurs et non des assassins. Ils se laissèrent entraîner dans cette aventure par Conte et Bonifassio, sans avoir peut-être une compréhension bien nette de sa gravité, comme s'il se fût agi d'un acte à peine plus blâmable qu'une de ces expéditions de contrebande dont ils étaient coutumiers, d'un simple vol facile et peu compromettant. Ils avaient des armes, mais ils pensaient bien ne pas s'en servir ; elles étaient pour eux des épouvantails qui mettraient leurs victimes à leur discrétion : rappelons-nous celui d'entre eux qui s'était encombré d'une carabine, d'un pistolet et d'un grand couteau qu'il tenait dans les dents, comme un véritable brigand d'opérette ou d'image d'Epinal. Ils ne se servirent même pas de leurs armes lorsqu'ils furent attaqués à leur tour ; ils préférèrent détaler en emportant leur butin, ainsi que, dans leurs expéditions de contrebande, ils s'esquivaient devant les douaniers. Un seul déchargea sa carabine, et ce ne fut probablement de sa part qu'un geste d'intimidation qui n'effraya d'ailleurs personne, sauf les fuyards.

Telle ne fut pas la façon de procéder de la bande qui, l'année précédente, avait fusillé, à Colomars, le convoi transportant à Nice les contributions de Puget-Théniers et s'empara des caisses du Trésor : la légende qui ajoute ce crime à l'actif des Bellon commet certainement une erreur : il y a trop de différence entre de ce crime et celui de Fouont-de-Jarrié.

Que dire du déguisement des brigands, sinon qu'il était bien sommaire ? L'idée d'échanger leurs vestes nous semble puérile ; et Conte, qui était peut-être le seul d'entre eux en relations avec les cochers, fut bien vite reconnu, malgré sa *scouffia* et sa voilette noire. Ils employèrent la langue française ; dans quel but ? Était-ce pour faire croire qu'ils venaient d'outre-Var ? Mesquine conception, s'ils supposèrent que le français qu'ils parlaient pouvait donner le change sur leur pays d'origine.

Ces voleurs de grand chemin, qui voulaient dévaliser des voitures de voyage, ne s'étaient même pas munis d'une pince où d'un levier pour forcer les serrures des bagages ; aussi durent-ils défoncer les cassettes à coups de pierres et de crosses de fusil, sans pouvoir venir à bout du fourgon et des coffres fixés derrière les voitures ! Le ministère public prétendit qu'il se servirent aussi d'un marteau ; c'est donc qu'ils trouvèrent ce marteau dans un des caissons des sièges, car, à leur départ de Nice, ils n'avaient pas d'outils. Nos modernes cambrioleurs exercent d'une façon bien plus technique leur lucrative profession.

S'il y avait des brigands, il n'y avait pas de bande organisée avec ses chefs, ses espions, ses soldats. Quant aux Bellon, loin d'être à leur tête, ils jouèrent dans le drame des rôles secondaires et pas une pièce, pas un témoignage, pas même l'accusation ne relèvent l'existence d'une bande permanente, encore moins d'une bande des Bellon. La vérité est que Conte et Bonifassio avaient racolé pour la circonstance quelques malfaiteurs de leur entourage qui formèrent une réunion de bandits sans cohésion et sans discipline ; la preuve en est que, lorsque la chance leur fut contraire, chacun d'eux agit comme s'il était seul et songea à son propre salut sans s'inquiéter de ses compagnons.

Nous savons aussi que l'association n'avait pas de chef ; le ministère public le reconnut lui-même ; elle n'en eut pas, parce qu'elle ne comptait que des hommes sans capacités et sans autorité. La conséquence de ce défaut de direction fut qu'il n'y eut point de plan de campagne nettement arrêté. La possibilité d'un échec ne fut certainement pas envisagée ; pour eux, le coup était immanquable et la retraite, sous la conduite de Maria, assurée. D'ailleurs pourquoi douter de la réussite ? N'avaient-ils pas, dans leurs exploits de contrebandiers, toujours heureusement échappé aux gendarmes et aux douaniers, auxquels ils jouaient de si bons tours ? Pouvaient-ils prévoir que cette fois, au lieu de se trouver en face de militaires affublés de costumes incommodes et peu habitués aux randonnées dans les montagnes, ils seraient pourchassés par des paysans, ayant sur eux l'avantage de n'être pas chargés de butin et fatigués par une nuit de veille ?

Pour qu'une si aventureuse équipée réussît, il aurait fallu que l'audace et l'intimidation eussent suffi et qu'aucun incident ne fût venu déranger sa conception par trop simpliste et imprévoyante. A la première anicroche, les bandits, pris au dépourvu, ne surent où donner de la tête, et ce fut le sauve-qui-peut général, précurseur du désastre.

*
* *

Le lendemain du crime, Antoine Bellon, qui n'avait pu retrouver le sommeil du juste, se levait de très grand matin et, poussé par le besoin de savoir, descendit à Nice. Comme il était un des colocataires des latrines du couvent de Ste Claire, il chargea son âne de barils et alla vidanger. Vers neuf heures, en retournant à Saint-Sylvestre, il rencontra plusieurs personnes de sa connaissance, qui toutes lui demandèrent s'il avait fait partie de la *combriccola* (1), comme le bruit courait. Rostan s'en défendit avec indignation, sans toutefois donner des preuves de son innocence ou l'emploi de son temps. A son cousin, Mari, lui disant avec amertume : « Les belles choses que font nos parents ! » il répondit sur le même ton : « Ne m'en parlez pas ; quand j'ai appris le fait, les bras m'en sont tombés ! J'avais souvent répété à Laurent qu'il se laissait entraîner dans de mauvaises compagnies et qu'il pourrait bien un jour faire parler de lui ». A Horace Pin et à Révélat, qui le questionnaient ensemble, il déclara hautement : « Croyez-vous que j'aie perdu la tête ? C'est faux ! Comment voulez-vous que je fasse du mal aux Anglais qui nous font tant de bien ? » Dans une autre occasion il fit au même Horace Pin cette réflexion que son « cousin Laurent avait probablement du pain sur la planche pour toute sa vie (2) », à quoi Pin ajouta : « Et il ne sera pas le seul ». Antoine Bellon feignit de ne pas comprendre et ne broncha pas. A Augustin Pin il certifia qu'une telle allégation était un pur mensonge ; que Laurent Bellon lui avait proposé de participer à l'agression ; mais qu'il avait nettement refusé, en lui disant : « Vous prenez le chemin qu'il faut pour vous faire pendre ! » Il répondit encore à la femme d'Horace Pin : « Je voudrais connaître celui qui a inventé cela, je le gifflerais ! »

Si le mari ne savait que nier sa complicité, la femme, un peu plus intelligente, combina un alibi : nous savons que Rostan, la veille du crime, avait fait une chute peu grave en descendant la rue de la Croix ; la femme Bellon imagina qu'il en ressentit de si vives douleurs que, le lendemain, il dût garder le lit toute la journée ; il n'avait pu par conséquent prendre part au vol, ni assister à la fête de Saint-Barthélemy. Et, pour expliquer la présence d'Antoine à Nice, au moment de l'accident, elle ajouta qu'il revenait du couvent

---

(1) Ce mot italien, signifiant association en vue d'un but néfaste, est encore employé dans le patois niçois.

(2) Le texte porte : « il quale s'era guadagnato probabilmente del pane per tutta la sua vita » : c'est la traduction de l'expression niçoise : « S'es gagnat de pan » que l'on emploie lorsque l'on parle d'une personne en prison et par conséquent nourrie aux frais de l'Etat.

de Ste Claire avec son âne chargé de vidange. Rostan trouva cette justification irréfutable, et lui qui n'avait encore parlé de sa chute à personne et que personne n'avait vu boiter, raconta son infortune à tous venants, tandis que sa femme en répandait le récit de son côté et le répétait aux nombreux membres de la famille Pin qui venaient les uns après les autres la harceler de questions à domicile (1).

La confiance absolue que Rostan accorda à cette allégation fut la cause de sa perte ; car, au lieu de prendre le large comme ses complices, il s'entêta à demeurer chez lui ; et un témoin rapporte que le dimanche, 21 mai, à la sortie de la messe de St Barthélemy, se trouvant avec A. Bellon dans un groupe d'habitants du quartier, celui-ci déclara avec véhémence « qu'il était innocent, « qu'il ne craignait ni gendarmes ni personne, et qu'il ne bougerait pas de sa « maison ».

D'ailleurs les jours passaient et l'apparente inaction de la justice semblait justifier la résolution de Rostan, lorsque, dans la nuit du 24 mai, le sénateur délégué procéda par lui-même, avec l'assistance du garde-champêtre Agal, à une perquisition au domicile d'Antoine Bellon, et aussitôt après à son arrestation.

Cette nuit-là, les époux Rostan dormaient, lorsqu'on frappa à leur porte. La femme s'éveilla en sursaut et, ouvrant la fenêtre, appela avec anxiété : « *Tounin !* » A la vue des gens de justice, elle et son mari restèrent interdits et s'attardèrent à ouvrir. A peine entré, le magistrat demanda à la femme Bellon qui elle avait voulu désigner par le nom de *Tounin ;* son mari répondit pour elle que c'était Antoine Maïssa, mais sans trouver un motif à cet appel.

------

(1) Horace Pin, était, nous le savons, le propriétaire du fonds que Bellon, dit Rostan, exploitait à titre de métayer. Gros bonnet du quartier Saint-Sylvestre, il avait conscience de sa dignité et de sa valeur qu'il ne manquait pas de mettre en avant ; au demeurant, c'était un fort brave homme. Lui-même nous déclare qu'il vit de ses rentes et qu'il possède pour plus de dix mille francs de terres; il commence sa déposition par cette prestigieuse déclaration : « Allant ce soir-là au Conseil de Ville, je fus informé... » paroles que le magistrat enquêteur, pour satisfaire la légitime fierté de ce témoin de marque, ne manqua pas de consigner et que nous rapportons à notre tour pour rester dans la tradition. Horace Pin, en effet, avait été nommé, l'année précédente, par le roi de Sardaigne, membre du Conseil Municipal pour représenter les agriculteurs. Il était aussi *Capo-Cantoniere* de son quartier ; les pièces officielles le qualifiaient de « paysan-rentier » ; enfin il savait lire et écrire. Agé de cinquante ans, ayant femme, neuf enfants, trois brus, sept petits-enfants, sans compter les espérances, tous logeant dans sa maison et mangeant à sa table, il était le patriarche obéi et vénéré de cette nombreuse tribu. Pas moins de sept témoins, dans cette affaire, portent le nom de Pin et affirment la puissance prolifique de cette famille notable.

Le *Capo-Cantoniere* était, à Nice, une personne chargée par l'administration de la surveillance de l'île ou du quartier qu'elle habitait. Sans attributions bien précises et sans traitement, il tenait les autorités au courant de ce qui se passait dans sa section et était souvent l'arbitre des petits différents. Cette institution existait avant 1792 et fut maintenue pendant la période française : on appelait ces fonctionnaires Cantonniers pendant la Révolution et Commissaires de quartier sous l'Empire. Le régime sarde de 1814 leur rendit leur premier nom. On disait en niçois, « lu Cantounié ».

La perquisition ne donna aucun résultat ; quant à Rostan, malgré ses protestations et l'exposé de son alibi, il fut arrêté et conduit aux prisons.

La justice fit, la même nuit, une descente au domicile de Mera, mais sans succès, car celui-ci, plus méfiant, tenait la campagne. Sa femme déclara au magistrat que L'Inglès se trouvait sur sa propriété de Saint-Pancrace pour soigner ses vignes ; mais l'un des enfants, qui dormait avec ses frères sur un tas de foin, encore mal éveillé, répondit naïvement : « *Despi qu'an fach aco (lou mieu paire) non es plu vengut que dimenegue* » ; et, questionné sur ce qu'il entendait par « *aco* », il ajouta : « *Aco dai Bellon* ». On inventoria les hardes de Mera : elles comprenaient en tout un pantalon de toile rayée et une vieille chemise sale.

Si les gens de Saint-Barthélemy n'avaient pu tirer aucun renseignement de Rostan, ils furent largement dédommagés par Antoine Maïssa. Celui-ci était atteint de la manie des confidences et il les lançait à tous venants, toujours sous le sceau du secret : aussi furent-elles bientôt divulguées. Cette incontinence de langue était sans doute une maladie de famille, car on la retrouve chez son frère et même chez son beau-père : ainsi ce dernier, à qui son gendre, rappelons-nous, avait révélé la culpabilité de ses complices, se hâta de communiquer son secret au commissaire du quartier, Horace Pin. De même, Pierre Maïssa, qui avait reçu les confidences de son frère Antoine, alla les rapporter toutes chaudes à un voisin, Teisseire, dit Tortou. Quant au bandit, dès le lendemain matin, il reprit la série de ses aveux : il raconta à Antoine Mera, cousin de L'Inglès, que « Brancaléon et Bonifassio l'avaient entraîné, en lui « laissant croire qu'ils allaient faire de la contrebande de tabac ; qu'ils lui « avaient dévoilé leur projet d'arrêter les voitures de l'Anglaise seulement sur « le lieu de l'agression. Il ajouta que s'il avait connu le projet d'attaquer une des « personnes de cette nationalité, qui font tant de bien à notre pays, il n'y aurait « jamais consenti. Il dit encore que, pendant la fuite, Brancaléon remplit son « chapeau de *dorures* et d'objets de prix, et que, fatigué par leur poids, il les « avait jetés... En faisant ce récit il versait des larmes ». Il renouvela ses confessions à François Musso, qui déposa en ces termes : « Le dimanche, 21 mai, « je me trouvais auprès de ma maison, lorsqu'Antoine Maïssa vint à moi et me « demanda si son frère était là : je lui répondis négativement ; il me pria alors « de lui donner à manger : je lui dis que je n'avais ni pain ni vin. Je lui « remontrai combien il était monstrueux pour lui, père de famille, d'être entré « dans une bande d'assassins ; il répartit alors : « Maudits soient l'heure et le « moment !... Je voudrais que l'on pendît Brancaï, qui, avec Bonifassio, m'a « emmené pour faire, disaient-ils, de la contrebande de tabac... et lorsque nous « arrivâmes sur les lieux il ne fut plus question de tabac, mais d'argent qu'il « fallait voler ! »

Depuis qu'il était en délicatesse avec le gendarme Cauvin, Maïssa n'avait plus reparu à son domicile. La nuit, il allait parfois retrouver son cousin Rostan pour échanger les nouvelles ; l'appel de « Tounin » lancé par la femme de ce dernier, au moment de la descente de justice, est une preuve de leurs entrevues ; et Antoine Bellon, sans avouer ces rendez-vous, fut pourtant obligé de les reconnaître : « Je l'ai vu pour la dernière fois le samedi, 20 mai ; « il vint chez moi vers trois heures et me demanda à manger, me disant « qu'on l'avait fait courir. Je ne voulus pas le laisser entrer dans ma maison, « parce que j'avais entendu dire publiquement qu'il avait pris part à l'as- « sassinat ».

Maïssa, se sachant traqué par la police, n'avait d'autre ressource que de quitter le pays, « de préparer une bonne paire de souliers », selon l'expression d'un témoin : c'est ce qu'il fit, lorsqu'il apprit l'arrestation de Rostan.

De son côté, Mera s'occupa d'étayer l'alibi qu'il avait préparé à Saint-Pancrace, dès l'après-midi du crime. Dans ce but il se ménagea une entrevue avec Charles Isnard, qu'il avait rencontré le même jour, et, comme ce dernier maintenait que leur entretien du 18 avait eu lieu à trois heures ou trois heures et demie, il le pria de dire qu'ils s'étaient vus au moins une heure plus tôt. Il fit la même recommandation à Cicion. Puis il chargea le tisserand Faraut, son ami, de passer au moulin où Isnard triturait ses olives, et de savoir de lui s'il tenait compte de la prière qu'il lui avait faite. Faraut se rendit donc au moulin, fit tomber la conversation sur le vol de Fouont-de-Jarrié et amena Isnard à narrer sa rencontre avec L'Inglès le jour de l'agression ; et, comme Isnard disait qu'il était à ce moment trois heures ou trois heures et demie, Faraut, l'interrompant, s'écria : « Le pauvre homme ! il ne faut pas dire qu'il était si tard ; vous devriez « déclarer que vous l'avez vu entre deux heures et deux heures et demie ».

La perquisition opérée chez lui dans la nuit du 23 au 24 mai, désabusa le bandit de la valeur de son alibi, et, pour sa sûreté, il passa le Var.

Dandreis ne reparut plus au domicile de son oncle ; mais il se rencontra avec plusieurs de ses voisins et de ses amis ; il ne leur fit jamais que des demi-aveux. La mère de Catherine Garchié, sa fiancée, qui savait qu'il avait abusé de sa fille, le somma de l'épouser : il promit et se montra rempli des meilleures intentions (1). Deux fois aussi il vit Catherine ; elle lui reprocha la rareté de ses

---

(1) Déposition de Madeleine Garchié, mère de Catherine Garchié : « J'ai vu Joseph Dandreis le jour « de la St-Félix, après le coucher du soleil : il vint parler à ma fille, qu'il voulait épouser ; mais comme je « craignais qu'il la leurrât, je sortis de la maison et j'ordonnai à Catherine de rentrer, lui disant que je ne « voulais pas qu'elle eût des entretiens avec lui. Dandreis resta quelques minutes encore sous la treille, « puis il s'en alla. Depuis lors je l'ai rencontré deux fois, sur la colline de Pessicart, où nous étions allés « travailler, ma fille, mon neveu et moi. Dans les deux occasions je lui ai parlé. A la première, je lui ai « demandé s'il avait abusé de ma fille, ainsi que je l'en suspectais ; il nia, mais d'une telle manière que « mes craintes n'en furent qu'augmentées. La seconde fois, comme j'avais découvert que la chose était « vraie, je le sommai d'épouser Catherine : il me répondit affirmativement et me chargea de parler au curé « de St-Barthélemy, pour qu'il décidât son oncle Marcel au partage de leurs biens indivis ; j'ajoutai « qu'il devait rentrer dans sa maison, et je lui demandai s'il avait participé à l'affaire de l'Escarène ; il « nia le fait, sans m'expliquer pourquoi il ne voulait pas retourner chez lui ». Catherine Garchié était une jeune fille de dix-huit ans.

visites, ce qui faisait naître en elle des craintes sur sa culpabilité ; devant l'affliction de la jeune fille, Dandreis n'osa pas lui dire toute la vérité : il était entré dans la bande parce qu'il croyait qu'elle avait pour objectif la fraude du tabac ; lorsque, sur les lieux, il apprit le but réel de l'expédition, il voulut se retirer ; menacé de mort par ses compagnons, il feignit de consentir à faire le guet et réussit à s'enfuir avant le forfait ; ces derniers ne l'accusaient de complicité que par esprit de vengeance ; et, en contant ses malheurs, il pleurait amèrement. Il se plaignit aussi de son triste sort à François Garchié, cousin de sa fiancée, disant qu'il était dur de s'expatrier quand on n'avait pas fait du mal ; et comme son ami lui conseillait, puisqu'il était innocent, de retourner chez lui et d'avoir confiance, il ajouta qu'il était forcé de s'exiler pour avoir écouté ses compagnons. Il partit en effet, et ainsi finit l'idylle de Catherine Garchié et de Pépin lou Gibassié.

.*.

L'instruction de l'affaire fut menée avec une vigueur et une célérité qui sont plus que rares dans les mœurs judiciaires, quand il ne s'agit pas de certains procès politiques.

Le jour même du crime, tandis que le juge de l'Escarène, Antoine Alardi, remplissait avec compétence les formalités nécessaires, le Sénat de Nice, à la requête de Louis Milon, substitut de l'avocat fiscal général et régent de l'*Uffizio* (1), rendait trois décrets. Par le premier, il évoquait l'affaire, ordonnait l'instruction *ex-abrupto* et la confiait au sénateur comte Spitalieri de Cessole. Dans le second, il nommait, en l'absence du sénateur rapporteur, parti pour l'Escarène, l'avocat Guiglia, coadjuteur de l'*Uffizio*, pour opérer des perquisitions aux domiciles des détenus. Enfin, par une dernière ordonnance et pour le même motif d'absence, il donnait mandat au sénateur Vassal d'entendre divers témoins de passage à Nice. Le comte de Cessole se transporta aussitôt à l'Escarène, y arriva à huit heures et demie du soir et, malgré l'heure tardive, commença ses opérations.

Le lendemain furent poussés de front l'expertise des voitures, l'enquête, l'inventaire des objets retrouvés et l'interrogatoire des détenus (2). Ces interrogatoires ne fournirent aucun renseignement, car les bandits ne révélaient point la vérité et ne nommaient pas leurs vrais complices. Brancaléon et Antoine-François Bellon, malgré la pourchasse qu'on leur avait donnée, malgré les joyaux qu'on avait trouvés sur eux ou près d'eux, nièrent leur culpabilité et firent un semblable récit de leur aventure. De grand matin, prétendirent-ils, ils s'étaient rendus de Nice à Menton, où un Gênois leur vendit du tabac brésilien. A leur retour, vers la Turbie, ils furent poursuivis par trois douaniers et, pendant leur fuite, ils abandonnèrent leur tabac et perdirent leurs chapeaux. Estimant prudent de quitter la grande route, il se résolurent à faire un grand détour par Tourrette ; dans ce but, ils avaient traversé le Paillon, et gravissaient les hauteurs de la rive droite, lorsqu'ils furent arrêtés ; mais s'ils étaient d'accord

---

(1) Les mots « Uffizio » et « Fisco » peuvent se traduire par Parquet, Ministère Public. L'avocat fiscal général n'était pas nommé ou était en congé, car je n'ai pu retrouver son nom ou sa signature sur les pièces des années 1814 et 1815.

(2) Voici comment débutent les procès-verbaux de ces interrogatoires : « Par devant nous, Sénateur « délégué,...avons fait comparaître le détenu X***, auquel, en tant que témoin du fait d'autrui, avons déféré « le serment, qu'il a prêté en nos mains, en touchant corporellement les Ecritures, après avoir été prévenu « de la force et de l'importance d'un tel acte, et, en tant que coupable par son propre fait, avons fait som- « mation de dire la vérité, sous peine d'une amende de dix écus au profit du fisc royal ; ce que le dit a « promis de faire ».

sur le fond de leur récit, ils tombèrent forcément en contradiction dans les détails et leurs déclarations étaient si visiblement fausses qu'on ne pouvait en faire état (1).

Comme les indiscrétions compromettantes de Maïssa n'étaient pas encore parvenues aux oreilles de la justice, et que celle-ci ignorait les noms des bandits en fuite (sauf celui de Maïssa, que ses difficultés avec le gendarme Cauvin avaient fait connaître), l'instruction aurait pu subir un temps d'arrêt ; mais un fait inattendu survint qui dévoila le crime tout entier : ce fait fut la trahison de Conte.

Celui-ci, prévoyant avec justesse l'épilogue fatal du drame, résolut de sauver sa vie au prix de celle de ses amis, et il se fit leur dénonciateur. Voici sa déclaration au sénateur rapporteur, en date du 21 mai :

« J'ai fait partie de la bande et je suis disposé à tout révéler, pour l'amour « de mes neuf enfants dont l'aîné a neuf ans et qui n'ont pas de mère. Quand « je serai assuré de l'impunité, je nommerai mes complices ; si je ne suis pas « certain de l'impunité, je ne puis consentir à dénoncer les coupables et perdre « ainsi quatre personnes qui sont en liberté, dont trois sont pères de famille ». Et en disant ces mots, le traître versait des larmes hypocrites. Le comte de Cessole fut autorisé par le Sénat à promettre au bandit une diminution de peine, s'il faisait connaître la vérité pleine et entière.

De semblables transactions entre l'accusation et le criminel nous paraissent aujourd'hui sans dignité pour la justice et contraires à la morale : la condamnation de cette pratique ressort du cas même qui nous occupe, dans lequel le principal fauteur, l'organisateur du forfait échappera à la mort, alors que plusieurs de ses complices, bien moins coupables, seront frappés de la peine capitale.

Le 23 mai, Conte fit les révélations promises (2). Elles sont conformes à la vérité, sauf que leur auteur atténue le plus possible son rôle, pour en changer d'autant celui de Bonifassio ; elles eurent pour effet inévitable d'obliger Laurent à compléter ses premiers aveux, de confondre Antoine-François, qui dut aussi reconnaître sa participation au crime, et d'entraîner l'arrestation de Rostan.

---

(1) Voici les principales de leurs contradictions qui furent relevées par le ministère public dans ses conclusions : Bellon raconta qu'étant seul il rencontra, quelques jours avant le crime, à Saint-Barthélemy, un contrebandier génois qui s'appelait Jean ou Joseph et qui était de haute taille ; alors que Conte allégua que son compagnon et lui firent ensemble la connaissance, à Saint-Etienne, près du jardin du comte de Cessole, d'un génois de taille médiocre, nommé Joachim. D'après Bellon, la vente du tabac eut lieu non loin de Menton, sur une hauteur où le génois les attendait, et le tabac fut enveloppé dans un manteau ; d'après Conte, ils durent attendre le contrebandier dans un vallon et ils mirent le tabac dans un sac. L'un prétendit qu'après être descendus dans vallée du Paillon, ils traversèrent le torrent en face de Cognasses ; l'autre soutint qu'ils joignirent la route royale au quartier Roma, qu'ils la suivirent et passèrent l'eau à la hauteur de Drap ; etc.

(2) Nous ne rapportons pas les aveux de Conte, parce que c'est sur eux que nous avons basé notre récit et qu'on n'y trouverait par conséquent que la répétition de ce qui a été lu.

Donc, tous les détenus avaient confessé leur faute, sauf toutefois Antoine Bellon qui, après son emprisonnement comme avant, invoquait son alibi. Tous les efforts de l'instruction furent alors dirigés contre lui. Il subit de nombreux interrogatoires et nia tout, depuis sa présence au dîner de l'auberge Giuglaris jusqu'à son passage à l'Abbadie. Laurent, disait-il, lui avait bien proposé d'entrer dans la bande, mais il s'y était refusé et avait demandé à son cousin « *s'il voulait étrenner la nouvelle potence* ». « Le 18 mai, tandis qu'il était alité, il n'envoya pas quérir un médecin, parce que son accident avait seulement engourdi les nerfs du côté contusionné... et il recommanda de ne pas dire qu'il était couché par crainte de passer pour un paresseux ». S'il tombait en contradiction avec lui-même, il cherchait une échappatoire, et, bonne ou mauvaise, il s'y cramponnait : ainsi, pris en flagrant délit de mensonge, il trouva cette excuse : « Je me suis trompé... depuis mon incarcération, je suis étourdi par l'air puant « que je respire dans ma cellule ». Mais il poussait trop loin ses dénégations : pour éluder les questions délicates et ne pas se laisser acculer dans des impasses, il soutenait qu'il ignorait tout, même les faits les plus notoires : « Je n'ai rien « connu du crime, ni du lieu où il fut commis, ni de la personne qui en fut « victime, ni des objets volés, si ce n'est depuis que je suis en prison. Je ne sais « pas si on a incarcéré, à cause de ce forfait, d'autres personnes que mes cousins « Laurent et François-Antoine : j'ai appris l'arrestation du premier par mon « cousin Mari, et celle de l'autre, seulement depuis ma détention ». Poussée à ce point, son ignorance n'était plus admissible, elle démontrait un parti-pris de ne pas dire la vérité.

Rostan tirait de telles conséquences de sa chute que l'on désigna deux chirurgiens (1) pour examiner les contusions. Cette expertise ne fut pas favorable au prévenu ; les experts ne trouvèrent aucune trace et conclurent que, si l'accident avait eu lieu, il n'avait pu déterminer les effets qu'on voulait lui attribuer. Les constatations des médecins corroboraient donc les dépositions des témoins qui rencontrèrent Rostan le lendemain du crime et qui furent unanimes à déclarer qu'il ne boîtait pas et qu'il ne leur parla pas de sa chute.

Puis on procéda aux confrontations. Les sœurs Giuglaris, les cabaretières de la place Victor, pas plus que J.-B. Véran, de l'Abbadie, ne reconnurent Antoine Bellon, mais Félicie Bailet, fille de l'aubergiste de l'Abbadie, retrouva en lui le client qu'elle avait servi dans l'après-midi du 18 mai. On fit comparaître devant elle Rostan confondu au milieu de cinq autres prisonniers, choisis parmi ceux qui avaient le plus de ressemblance physique avec lui. Félicie Bailet, après les avoir attentivement examinés, s'avança vers l'un d'eux et le toucha : c'était Bellon. Il s'écria : « Prenez garde, jeune fille, à ce que vous

___

(1) Ils s'appelaient Vincent Fighiera et Joseph Giraudi, le premier natif d'Eze et le second de la Turbie.

dites : si je vais à la mort, ce sera votre faute ». — « C'est vous, répartit le témoin, bien que vous n'ayiez plus les mêmes vêtements et le même mouchoir sur la tête, c'est vous qui avez bu dans ma maison ». Enfin, il fut confronté avec ses complices ; et tous successivement soutinrent à sa face qu'il avait coopéré à l'agression, En entendant l'accusation de Conte, Rostan s'exclama : *« Es un couquin ! a mentit »*. A Antoine-François, il dit amèrement : « C'est pour ce peu d'héritage que vous me dénoncez ainsi ? » et à Laurent : « C'est un brigand comme les autres ; il a dit cela parce que je voulais le faire citer en justice »(1).

Non seulement Rostan n'avouait pas et se débattait envers et contre tous avec une opiniâtreté inébranlable, mais encore il voulut prouver son innocence par témoins et demanda a rapporter la preuve des faits suivants : 1° qu'il n'avait jamais possédé de carmagnole bleue (cette fameuse carmagnole de velours turquin que plusieurs personnes, parmi lesquelles Félicie Bailet, avaient vue sur lui le jour du crime) ; 2° que, pendant l'après-midi du 17 mai, étant venu à Nice pour vidanger, accompagné d'une bête de somme, il avait fait une chute grave dans la rue de la Croix. Le ministère public s'opposa à l'enquête : sur le premier chef, parce qu'elle ne pouvait pas être concluante, Bellon ayant pu se procurer une veste semblable le jour du crime, pour se déguiser ; sur le second chef, comme l'enquête tendait à établir un alibi en faveur de l'accusé, elle ne pouvait avoir lieu, d'après une pratique constante ayant force de loi, que tout autant que les témoins se fussent par avance constitués prisonniers. Mais on se fit des concessions réciproques : l'avocat de Bellon renonça au premier des faits cotés en preuve et l'*Uffizio*, moins rigoriste, ne maintint pas son opposition sur le second point. Le décret du sénat autorisant l'enquête porte la date du 6 juin. Le 7, les témoins étaient entendus. Leurs dépositions furent plutôt défavorables à Rostan : elles mentionnent qu'à une date peu précise, un paysan, en descendant la rue de la Croix, glissa des deux pieds et tomba au coin de la Palla, où « ceux qui passent tombent facilement », qu'il se releva aussitôt, accepta une chaise qu'on lui offrit, tout en déclarant qu'il ne s'était pas fait grand mal, et repartit quelques minutes après, laissant croire qu'il ressentait une douleur à la cuisse gauche, parce qu'il tenait sa main gauche au côté ; enfin, qu'il n'avait avec lui aucune bête de somme. Ainsi le malheureux sentit couler sous lui sa dernière planche de salut.

Quel fut le montant du vol ? Madame de Bute l'estima d'abord à plus de soixante mille francs, non compris la valeur des objets dérobés aux gens de sa suite ; mais, après une vérification plus minutieuse, elle constata qu'il excédait la somme respectable de cent mille francs. Par la suite, ce chiffre se trouva

---

(1) Nous avons dit plus haut qu'il existait entre les Bellon des contestations relatives à l'héritage de leur commun grand-père.

diminué de toutes les restitutions qui furent opérées (1). Les bijoux et les objets précieux retrouvés dans les poches des bandits et sur les lieux de leurs passages furent cotés par l'expert Antoine Blanchi à la valeur de quatorze mille francs et le linge à celle de deux cent vingt-six francs, suivant estimation de la dame Danzen, veuve Vallat. Puis le 26 mai, le curé de St-Etienne remit entre les mains de la marquise un paquet de joyaux qui lui avait été confié, sous le sceau du secret, avec mandat de le rendre à son propriétaire : ces bijoux étaient ceux que Gibassié avait enterrés auprès de sa maison, et c'est son oncle Marcel Dandreis qui fut l'auteur anonyme de cet acte de haute probité ; ils représentaient une valeur approximative de quarante mille francs. De sorte que dans une lettre du 29 mai, écrite par Mortlock au comte de Cessole, au nom de la marquise, celle-ci reconnaissait que le montant du vol se trouvait réduit à une quarantaine de mille francs. Il est même probable que l'estimation de Mme de Bute fut portée à son maximum, car tout propriétaire ajoute, involontairement, à la valeur réelle des choses qu'il possède, une valeur d'affection, surtout si ce propriétaire est une femme et si cette femme doit apprécier ses bijoux.

Mais tout le restant des objets volés demeura-t-il entre les mains des bandits ? C'est fort douteux, car beaucoup de ces objets ont pu être perdus pour toujours, ou rendus après la lettre du 29 mai, ou conservés par leurs détenteurs (2). Il se pourrait même que les voleurs n'eussent retenu de leur butin rien

---

(1) Voici les noms de quelques unes des personnes qui consignèrent des objets précieux provenant du vol : Gilli Joseph, de la Vernéa : Ferreri Joseph, chirurgien à Belvédère ; Jacques Gasiglia, de la Vernéa ; Penchienat Charles, de Contes ; Barraja Alexandre, de Contes ; Dalbera Ludovic, de Cantaron ; Ellena Jean-André, de Cantaron ; Véran Charles, de l'Escarène ; Ravel Jean-Antoine, dit Colomban, de la Pointe de Contes ; etc...

(2) Le hasard des recherches m'a fait retrouver aux archives du Tribunal Civil de Nice un dossier qui apporte une preuve de ces présomptions. Le 2 août 1815, deux paysannes de Contes proposèrent à l'orfèvre Bellecombe, établi à Nice, dans la rue Droite, d'échanger un cachet en jaspe et une petite clef montés en or contre deux « cœurs d'amour ». L'orfèvre eut vent de la provenance des bijoux et une discussion s'en suivit, au cours de laquelle il dit que « les gens de la montagne étaient des brigands et des voleurs », à quoi les femmes répondirent que « pour assaillir sur les grandes routes, on avait vu à l'œuvre les Niçois et non les montagnards ». Finalement les deux paysannes furent arrêtées.

Le même jour et quelques heures après, un soldat de justice, qui avait fait partie de l'escouade mandée à l'Escarène le 18 mai, envoya une femme chez l'orfèvre Marc-Antoine Blanchi, habitant aussi la rue Droite, offrir en gage, pour un petit prêt d'argent, une paire de boutons d'améthyste montés en or. Cette femme, interrogée par la police, fit connaître son mandant. On perquisitionna au domicile de ce dernier et on y trouva une paire de ciseaux de fabrication anglaise et une bague en or ornée d'une grosse turquoise. Le malheureux soldat, malgré les bons renseignements fournis sur son compte, malgré la misère et l'état de maladie dans lesquels il se trouvait, fut emprisonné. Au cours de l'instruction, il déclara qu'il avait trouvé ces objets sur le passage des bandits, et que, les croyant sans valeur, il avait négligé de les rendre. Une des femmes de Contes raconta qu'elle avait découvert le cachet et la petite clef, en coupant des herbes, dans un endroit situé au-delà de la Fouont-de-Jarrié, et qu'elle n'avait pas pensé qu'ils pussent appartenir à la dame anglaise.

Par jugement du 22 Janvier 1816, ces dernières furent relaxées comme ayant été suffisamment punies par la prison préventive et le soldat de justice se vit condamner à six mois de prison.

ou presque rien : Maïssa en arrivant chez Teisseire, à Saint-André, n'avait pas de paquet, et ses poches, d'après le carabinier Cauvin, ne présentaient aucun aspect anormal ; Mera avait confié sa part du vol à Gibassié et nous savons que tout ce que détenait ce dernier fut restitué à la marquise ; il est vrai que L'Inglès déclara à Rostan qu'il avait enfoui une partie des bijoux dans un vallon de la campagne de Nice ; mais il voulut certainement dire que c'était Dandreis qui les avait ainsi cachés ; quant à Antoine Bellon, il affirma, à un moment où on ne ment plus, qu'il n'avait emporté qu'une trousse de canifs.

Mais en admettant que tous les joyaux manquants aient formé le profit des brigands et même d'un seul d'entre eux, il resterait à savoir quelles sommes on aurait pu retirer de leur vente aux usuriers et aux courtiers marrons, qui n'auraient certes pas manqué d'exploiter l'ignorance de leurs clients et de spéculer sur des marchandises aussi suspectes.

Nous avons insisté quelque peu sur ce point pour bien établir qu'il est impossible que les Bellon et leurs complices aient recueilli, de leur crime, des richesses telles qu'elles eussent fait la fortune de leurs héritiers, parmi lesquels on cite de très honnêtes gens de Nice qui n'ont aucun lien de parenté avec les tristes héros dont nous nous occupons et qui ignorent probablement la descendance qu'on leur prête.

Vingt jours après le crime, l'instruction était close et l'affaire en état.

. .

Le 31 mai, Conte et les trois cousins Bellon furent assignés en défense et l'affaire fixée.

Le 7 juin, le ministère public et les avocats (1) déposèrent leurs conclusions. L'ouverture des débats eut lieu le même jour ou le lendemain, et le 9, le Sénat prononçait la sentence de condamnation.

Les conclusions de l'*Uffizio* portent la signature du substitut Milon et forment une véritable plaidoirie écrite, développée sur dix-sept pages de papier grand format. Au point de vue de la discussion, elle nous ont paru très documentées et très serrées, quoique un peu terre à terre. Sans transcrire la traduction de ces conclusions, dans lesquelles le lecteur ne trouverait souvent que la répétition de ce qu'il sait déjà, nous allons en relever quelques passages caractéristiques et en donner des extraits. Le rédacteur fut sans doute étonné de la grande valeur que Mme de Bute attribuait à ses bijoux et, pensant que son sentiment était aussi celui des juges, il voulut les convaincre de la vérité des affirmations de la victime, et voici ses arguments : « L'existence des objets dont la Marquise « prétend avoir été dépouillée ne peut être mise en doute : 1° parce qu'il s'agit « d'une personne extrèmement riche, qui, par sa condition, pouvait posséder « les objets de très grand prix qu'elle a indiqués, et d'autant plus digne « de foi, que sa déposition concorde sur ce point avec celles des personnes de « sa suite ; — 2° parce qu'il résulte du procès-verbal de M. le Sénateur délégué, « comme de l'avis des experts, que diverses petites cassettes, destinées à con- « tenir des joyaux et autres pièces précieuses, ont été brisées et ouvertes par « effraction ; — 3° parce qu'une partie de ces bijoux et objets a été trouvée pré- « cisément sur quelques uns des auteurs de l'agression, ou dans le voisinage du « lieu où elle fut commise ; — 4" parce que d'autres objets représentant une valeur « de plus de quarante mille francs ont été restitués secrètement par l'intermé-

---

(1) Outre l'assistance judiciaire à laquelle les accusés avaient droit d'office, et dont l'avocat, appelé avocat des pauvres, était le comte de Massoins, et l'avoué, Albini, ils choisirent eux-mêmes des défenseurs. Antoine Bellon prit pour avocat J.-B. Barralis et pour avoué François Escoffier ; Laurent et Antoine-François Bellon eurent recours à Joseph Fornari, avocat, et à Honoré Gastaldi, avoué ; enfin Conte confia ses intérêts à l'avocat Pierre-Marie Ugo et à l'avoué Ignace Borea.

Ignace Borea était mon arrière-grand-oncle. Il fut nommé avoué, ainsi qu'un de ses frères, par le gouvernement français en 1792. Depuis cette année et pendant toute la durée du XIXe siècle, jusqu'en 1902, il y eut toujours à Nice un avoué du nom de Borea. Mon grand-père André succéda à Ignace, et sa charge est occupée aujourd'hui par Me Giauffret. Mon père Eléazar acquit en 1870 l'étude qu'il me céda et que je remis peu de temps après. Ainsi j'ai arrêté la liste de cette suite d'avoués qni menaçait de devenir une dynastie.

« diaire de M. le curé de St Etienne à qui ils furent remis dans ce but. » Je doute que ces arguments soient de ceux qui enlèvent une conviction. Cette citation, encore qu'écourtée, est un échantillon de la discussion un peu traînante et un peu terne des conclusions.

Pour démontrer la culpabilité d'Antoine Bellon, qui niait toujours sa participation au crime, le substitut Milon fait feu de toute son éloquence et de toute sa science juridique : « La concordance qui règne (au sujet de la complicité de « cet accusé) entre les aveux judiciaires et extrajudiciaires des quatre coupables « est telle que ces aveux réunis en faisceau doivent égaler une preuve en- « tière, surtout qu'ils sont appuyés par différentes autres présomptions très « importantes. Telle a été l'opinion constante des criminalistes les plus qualifiés « qui ont toujours soutenu que : « *ut si cum assertione trium vel plurium* « *sociorum criminis concurrant alia indicia vel adminicula, tunc suffi-* « *ciant contra nominatum ad condemnendum.* » (1) Il est vrai qu'en vertu « de l'édit royal du 10 juin 1814, les coupables qui dénoncent leurs complices « ne peuvent plus être soumis à la torture pour purger la tache de la complicité ; « mais il ne faudrait pas croire pour cela qu'on ne doit pas prêter à leurs décla- « rations la même confiance qu'on leur accordait, lorsqu'ils étaient assujettis à « à la question ; car, si le contraire avait dû se produire, le législateur aurait « substitué à la torture quelqu'autre moyen d'essuyer la tache de complicité. » Ce raisonnement, qui nous parait au moins oiseux, s'expliquait à cette époque, tant il est vrai qu'un laps de cent ans peut transformer l'idée juridique au point de la rendre inintelligible. Pour comprendre l'observation du ministère public, il faut poser le problème suivant : si un accusé dénonce son complice et que celui-ci, malgré la délation, persiste à nier sa faute, lequel des deux coupables est digne de foi ? Avant la suppression de la torture, le législateur sarde avait cru solutionner ce cas en proclamant que, si l'accusateur maintenait ses dires dans les tourments de la question, il devait être cru, car celle-ci avait pour effet de laver la tache de la complicité(!) et de faire jaillir la vérité de la bouche du supplicié. (2) Donc on pouvait soutenir que la torture du dénonciateur étant supprimée, sa délation ne devait plus être prise en considération, puisque la tache de complicité subsistait ; c'est à cet argument risqué par la défense aux abois, que le ministère public répondait dans la citation ci-dessus rapportée.

---

(1) « Si d'autres indices ou présomptions concourent avec les affirmations de trois complices ou plus, « ils sont alors suffisants pour entraîner la condamnation de celui qui est désigné. »

(2) Constitutions Royales Livre 4, Titre 11, § 29. « Si les preuves contre l'accusé qui nie dépendent des réponses des autres complices, on en viendra à la confrontation pour voir s'il se disposera à avouer, et s'il persiste dans la négative, le complice devra soutenir sa déposition dans le tourment de la question, en présence de l'accusé, pour purger l'infamie qui résulte de sa complicité, pourvu qu'il s'agisse d'un délit qui soit d'une qualité à mériter la peine de mort ou celle des galères. »

Les Constitutions Royales formaient le Code sarde alors en vigueur ; elles sont écrites en italien et en français, les deux textes en regard.

L'accusation portée contre Rostan était appuyée en partie sur les déclarations de La Verdura ; mais ce dernier ayant été jusqu'au moment du crime un des complices les plus compromis, le ministère public s'efforça de détruire les suspicions qu'un tel témoin pouvait soulever : « En vain prétendrait-on que les « dires de Francois Maria ne sont pas dignes de foi, parce qu'ils émanent d'une « personne qui fut au courant du crime projeté et qui, dans la nuit du 17 au 18 « mai, a secondé les desseins coupables des assassins en leur fournissant à manger « et à boire, et en se rendant avec eux sur les lieux où ils se postèrent aux aguets ; « en effet il ne résulte pas que La Verdura ait pris la moindre part au crime ; « par conséquent, même en supposant qu'il en eût été informé, on ne pouvait « le considérer de ce fait comme un des complices ou des fauteurs de ce forfait ; « d'autant plus que Bellon a déclaré qu'il le tenait pour un honnête homme (1). « Si l'on pensait que sa conduite renfermait quelque chose de répréhensible et « de peu compatible avec celle d'une personne honorable, il faudrait ad« mettre malgré tout qu'il n'y aurait pas là un motif suffisant pour repousser sa « déposition, car *infamia facti non sufficit ad repellendum testem, nec* « *objectio infamiæ juris, nisi de ea constet per sententiam.* » (2)

Le substitut Milon, tout en reconnaissant l'engagement du Sénat envers Brancaléon, ne se fit pas d'illusion sur la part prépondérante qu'il avait prise au crime : « Ne croyez pas pourtant, dit-il, que Conte soit digne d'être « traité avec grande modération, car les faits le désignent comme un des prin« cipaux promoteurs et auteurs du vol ; Laurent et Antoine-François Bellon lui « ont reproché à la face que lui et feu Bonifassio avaient entraîné les autres à « entrer dans la bande pour exécuter le délit projeté. » (3)

Le dispositif des conclusions est d'une impitoyable sévérité et il fut adopté par les juges.

Les conclusions de la défense sont sans intérêt : l'avocat Barralis demanda l'acquittement de son client Rostan, mais ne nous apprend rien de particulier.

Le 9 juin, vingt-deux jours après le crime, le Sénat de Nice, présidé par son président Martini di Castelnuovo, prononça la terrible sentence qui suit : « Le

---

(1) Dans son premier interrogatoire, Rostan dit au sujet de La Verdura : « Je connais François Maria ; il demeurait autrefois au Ray ; il habite maintenant à Drap ; aucune réelle amitié n'existe entre nous, mais je le crois un honnête homme. » Selon le ministère public, puisque Antoine Bellon reconnaissait la probité de La Verdura, il devait accepter comme vraies ses affirmations : c'est là une déduction par trop captieuse.

(2) Ni l'infamie de fait, ni l'infamie de droit ne suffisent pour récuser un témoin, si cette infamie ne conste pas d'un jugement.

(3) Extrait du procès-verbal de confrontation entre A.-F. Bellon et Conte : « Celui qui est la cause de tout, dit Bellon, c'est Conte, qui avec Bonifassio m'ont induit à entrer dans la bande. » Alors Conte répliqua : « Quand et comment vous ai-je parlé de cela ? — Plus de dix fois, répondit Bellon ; vous me l'avez envoyé dire, vous et Bonifassio, par Mera, et spécialement (vous m'en avez parlé) le jour de Ste Marguerite, durant lequel je vous vis devant l'hôtel Styr. J'ai toujours refusé, et finalement je me suis laissé entraîner. » Brancaï ne répondit rien.

« Sénat Royal, entendue la relation des actes, de l'ordonnance de *voto* du 23
« Mai dernier, et des conclusions du ministère public et de la défense, a pro-
« noncé et prononce, devoir être condamnés comme il condamne, les susnommés
« Laurent, Antoine-François et Antoine Bellon, dit Rostan, à être publique-
« ment pendus par le cou, jusqu'à ce que l'âme soit séparée du corps et que
« celui-ci soit fait cadavre. Mande de trancher leurs têtes du tronc et d'en
« clouer deux à la potence et l'autre sur un pal qui sera planté au lieu où le
« crime a été commis. Condamne Conte, dit Brancaléon, à la peine des galères
« à perpétuité, avec préalable exemple d'être conduit, la rame sur l'épaule, au
« son de cloche, selon les formes et dans les lieux ordinaires de cette ville. Les
« condamne aux dommages-intérêts et aux frais. Dit qu'ils subiront les interro-
« gatoires et admonitions prescrits par le § 3 de l'édit royal du 10 juin 1814. » (1)

Cette sentence fut signifiée le même jour aux condamnés, ainsi qu'il résulte
du procès-verbal suivant : « Je soussigné, Secrétaire Criminel de ce Royal Sénat,
« me suis transporté cet après-midi, vers trois heures et demie, (heure de France)
« dans la salle des prisons, où me trouvant, j'ai fait traduire dans la dite salle
« les nommés Bellon et Conte ; et, ceux-ci étant à genoux et tête découverte,
« je leur ai expliqué le contenu de la sentence dans la langue de notre pays (2)
« et immédiatement je leur ai notifié la dite sentence par la lecture que j'en ai
« faite mot par mot, à haute et intelligible voix. Cette lecture terminée, les
« susdits condamnés ont été réintégrés par le brigadier de justice dans leurs
« respectives chambres ou soit prisons. Nice le 9 juin 1815. (Signé) Joseph-Lu-
« dovic Ruffi. »

L'arrêt de condamnation reçut en outre toute la publicité ordonnée par les
Constitutions royales. Livre 4. Titre 20. § 2 : « Les sentences qui porteront peine
« de mort, des galères, du fouet et du bannissement, quoique rendues au contra-
« dictoire, seront publiées à son de trompe ou de tambour ou de tout autre ins-
« trument équivalent, et affichées à la porte du tribunal de l'endroit où le délit
« a été commis, de celui du lieu où le condamné a son domicile et *du magistrat*
« *qui les aura prononcées*... L'avocat fiscal général devra même prendre soin,
« dans les cas de sentence portant peine de mort, de les faire imprimer, afin que
« le public en soit mieux informé. » (3)

Les bandits furent aussi soumis aux ultimes interrogatoires ordonnés par
le Sénat. Nous ne rapporterons pas ici les procès-verbaux des déclarations de

---

(1) Ce paragraphe est ainsi conçu : « Lorsque Nos Constitutions auront prescrit la torture à l'encontre
« des complices, celle-ci sera remplacée par un interrogatoire, auquel les coupables seront soumis en suite
« de la lecture de la sentence. Dans cet interrogatoire, après leur avoir représenté que pour eux leur sort
« est irrévocable et leur procès terminé, on les persuadera de déclarer la vérité et de dénoncer les
« complices, non seulement des délits pour lesquels ils ont été condamnés, mais aussi de tous autres qu'ils
« pourraient avoir commis et qui n'ont pas été compris dans les poursuites. »

(2) Le texte porte « in lingua nostrala » c'est-à-dire en patois niçois.

(3) Une affiche imprimée de cette condamnation se trouve annexée à l'un des dossiers des archives
du palais de justice.

Laurent et d'Antoine-François Bellon, car elles ratifièrent leurs précédents aveux ; à noter cependant cette affirmation de Laurent : « Aussi vrai que je « dois mourir demain, je puis certifier que le crime pour lequel j'ai été con- « damné est le seul que j'ai commis. » Le misérable, malgré son accent de sincérité, ne disait peut-être pas la vérité, ainsi qu'on le verra bientôt.

Quant à Rostan, il ne persista pas dans ses dénégations devenues inutiles et il déchargea sa conscience du poids de sa faute : l'heure de la confession générale avait sonné. Après avoir narré l'expédition de la nuit du 17 mai et l'attaque des voitures, il nous apprend les détails suivants : « Comme j'avais été « placé en sentinelle, je m'enfuis sans rien emporter, sauf quelques petits canifs « qui me furent remis, je crois, par Gabriel Mera, et que j'ai enterrés sur une « colline au-delà de l'église de St-Pancrace, dans un endroit où il est impossible « de les retrouver : ces canifs sont contenus dans un portefeuille. »

« Gabriel Mera est un de ceux qui firent le plus de butin ; il me dit qu'il en « avait caché une partie dans un petit vallon sous les Condamines, en un lieu « où il craignait qu'elle ne fût emportée par les eaux, en cas de pluie. »

« Antoine Maïssa et Joseph Dandreis ont fui ensemble, si je ne me trompe. »

« Mera me dit que, le même jour à deux heures de l'après-midi, il était « déjà arrivé à Saint-Pancrace, où il avait feint de couper des rameaux de pins « pour faire de la litière, dans le but d'induire les personnes qui l'avaient vu à « croire qu'il travaillait depuis le matin. »

« Maïssa me raconta qu'il avait emporté des objets précieux dans son cha- « peau et jeté le tout pendant sa pourchasse. »

« J'avais une carabine que j'ai cachée non loin du lieu où Conte et A.-F. « Bellon ont dû être arrêtés. Elle était déchargée, parce que j'avais fait feu « contre les premiers miliciens qui nous talonnaient. »

« J'affirme qu'il est absolument faux que j'aie bu le même jour à l'auberge « de César Bailet, et, lorsque sa fille Félicie a prétendu me reconnaître, elle « s'est trompée. »

Conte n'était pas tourmenté par l'approche inéluctable de la mort et par la crainte de l'au-delà ; il pensa même que, puisque par ses dénonciations il avait sauvé sa tête, il pourrait sauver sa liberté par de nouvelles trahisons : voici le procès-verbal de son dernier interrogatoire : « Au sujet de l'agression, je n'ai « rien à ajouter ; mais je connais les auteurs du pillage de la diligence qui eut « lieu voilà un an environ, et je pourrais dire où ils se sont réunis, comment ils « ont commis ce délit et comment un pistolet et un petit sabre, saisis par cet « *Uffizio*, tombèrent entre les mains des agresseurs. » (1)

---

(1) Rappelons-nous que, le jour du crime de Fouont-de-Jarrié, Laurent Bellon était armé d'un pistolet et d'un petit sabre, qui lui furent enlevés au moment de son arrestation, et remis ensuite à la justice ; qu'en outre un témoin dit que Laurent et Maïssa avaient participé à l'attaque d'une diligence sur la route du Var un an auparavant.

« Je pourrais aussi dévoiler diverses associations de malfaiteurs qui avaient
« projeté, mais non exécuté, des vols au domicile de la princesse Borghèse, (1)
« à la maison Tiranti (2) et autres.

   « Je pourrais enfin informer la justice d'une autre agression à laquelle
« j'ai pris part ; mais pour révéler tout cela, il faudrait que je soie sûr d'obtenir
« l'impunité. Cette agression a eu lieu aux environs du col d'Eze, il y a près
« de neuf mois ; nous étions cinq ou six complices et nous enlevâmes à un Pié-
« montais quatre ou cinq louis, une montre qui est encore dans les mains de
« l'un de nous, trois couverts en argent qui ont été vendus à Nice à un certain
« Charles Bua, (3) habitant dans cette ville, derrière la maison Ciais ou Grinda.

---

(1) La présence de la princesse Pauline à Nice, avait sans doute mis en éveil tous les voleurs de notre région. On raconte qu'elle fut arrêtée et dévalisée sur la route du Col de Tende, mais je n'ai pas trouvé trace de ce crime et je crois qu'on l'a confondu avec celui de Fouont-de-Jarrié et que la légende a magnifié Mme de Bute en la sœur de Napoléon. Voici un projet d'enlèvement et de vol concerté contre elle, qui se trouve dans un dossier des archives départementales et dont je possède une copie. En 1811, après l'avortement de l'émeute que le général Guidal suscita à Grasse, (Voir sur ce fait l'article de M. Moris dans les Annales de la Société des Lettres, Sciences et Arts de Nice, année 1910) on arrêta à Nice trois individus soupçonnés d'avoir trempé dans ce complot. L'un d'eux, Pierre-François Pertems, né à Genève et horloger à Nice, sous les Terrasses, au demeurant, un triste individu mêlé à nombre de méfaits commis à cette époque, fit dans son interrogatoire la déclaration suivante : « A Grasse en janvier 1809, le sieur Maximin « Isnard, tanneur, me dit qu'il avait manqué sa fortune par l'enlèvement de la princesse Pauline ; que « l'argent que le général Guidal avait emprunté était pour faire réussir le projet et que l'écrin de la prin- « cesse leur aurait payé bien au-delà de leurs frais ; qu'on l'aurait conduite devant Toulon aux Anglais et « qu'il ne savait pas ce qui avait fait échouer ce projet... Dans les premiers jours de juin 1810, je fus à « Grasse avec le sieur Honoré Pugnaire... En route, j'ai cru que par son moyen il me serait facile de « savoir la suite du complot d'enlèvement de la princesse Pauline par le général Guidal et Isnard ; je lui « fis des questions à ce sujet, mais il garda là-dessus le silence. »

(2) Dandreis Lou Gibassié, dans un de ses interrogatoires, nous donne des détails sur cette tentative de pillage : « Un soir du mois de Mai de l'année précédente (1814), lorsque passèrent à Nice les troupes fran- « çaises qui abandonnaient l'Italie, nous entendîmes tous dire que l'on craignait un saccagement de la « ville et que nous devions tous accourir à son secours, si l'on sonnait le tocsin. Je me dirigeai donc vers « la cité, muni d'une carabine, en compagnie de Laurent Bellon et de quelques autres ; lorsque nous arri- « vâmes au pré de M. Tiranti, nous trouvâmes assis d'autres gens en armes ; je me souviens qu'ils étaient « une quinzaine, parmi lesquels tous ceux dont les noms ont figuré dans ce procès. Je m'assis pareillement « et j'entendis qu'on parlait d'assaillir la maison de M. Tiranti : les uns disaient que les chiens seraient un « grand obstacle au projet ; à quoi d'autres ripostaient en insistant qu'on pouvait les tuer, comme aussi « toutes les personnes qui apparaîtraient aux fenêtres, et que celui qui avait combiné le coup était dans la « maison même. Après ces propos, je demandai à Laurent Bellon s'il voulait partir avec moi, comme j'en « étais décidé ; et en même temps je jetai dans un fossé plein d'eau deux pals de fer que je vis à mes « pieds et que je crus destinés à l'exécution du projet. Laurent ne me répondit rien et je m'en allai. « Lorsque je fus éloigné de trois à quatre cents pas, j'essuyai trois ou quatre coups de fusil chargés à balle. »

(3) Les interrogatoires de Joseph Dandreis apportent aussi quelques éclaircissements sur ce crime : « Un mois avant l'agression de la princesse anglaise, je me trouvais avec Laurent Bellon, lorsqu'il « m'offrit en vente des couverts en argent et une montre en or, en me disant qu'il avait besoin de fonds. « Je répondis que je ne savais que faire des couverts, mais qu'il me fit voir la montre ; nous tombâmes « d'accord sur le prix de trois louis et demi, je l'achetai et la payai. Je ne sais pas d'où Bellon « tenait ces objets. Quant aux couverts, j'ai entendu dire qu'il les avait remis en gage à un certain « Ciarles, dit Bua, qui, ce me semble, exploitait autrefois une auberge près du marché. » Le quartier du Marché était situé derrière la cathédrale et au-dessus de la rue de la Préfecture, où il existe encore au- jourd'hui une rue du Marché.

« Je crois qu'on n'a même pas dressé un procès-verbal de ce délit. Quant à mes
« complices, si je ne dois pas obtenir une diminution de ma peine, je préfère ne
« pas les dénoncer et subir ma condamnation avec patience. » Cette fois du
moins le Sénat n'accueillit pas les propositions de ce vil personnage.

Le lendemain, 10 juin, exactement vingt-trois jours après le crime, justice
était faite : c'est ce qui résulte du procès-verbal suivant : « Cet après-midi vers
« cinq heures, le brigadier de la famille de justice et gardien de ces prisons,
« François Rambaldo, est venu me rapporter dans ce secrétariat que le dispo-
« sitif de la sentence susdite à été mis à effet par l'exécuteur des hautes œuvres,
« quant à Laurent Bellon, Antoine Bellon, dit Rostan, et Antoine-François
« Bellon, ce matin de onze heures à midi ; quant à Dominique Conte, cet après-
« midi à deux heures et demie. Nice le 10 juin 1815. (Signé :) Joseph-Ludovic
« Ruffi. » Cette triple exécution eut lieu à la Foux, qui était le terrain compris
entre l'embouchure du Paillon, la mer et les remparts. Peu de temps auparavant,
le gouvernement sarde y avait fait monter une potence ; c'est ce qui explique
cette phrase que Rostan avait dite à son cousin Laurent : « Tu veux donc que la
« nouvelle potence soit pour toi ! » Elle fut pour lui et pour son moralisateur.
Ils l'étrennèrent si bien, cette nouvelle potence, que, pendant la période piémontaise, elle fut appelée communément « *la Bellouniéra.* »

*
* *

La justice ne put appréhender Maïssa, Mera et Dandreis. Le 16 juin, les contumax furent cités devant le Sénat de Nice, et leur affaire, plus longue à mettre en état, ne fut jugée qu'un mois après, soit le 14 juillet 1815.

Le substitut Milon déposa des conclusions très détaillées et très documentées. Des aveux des Bellon et de Brancaléon il tira un argument de plus contre les défaillants : « Conte et les trois cousins Bellon, en dévoilant à la
« justice leur propre faute, ont dévoilé la culpabilité des contumax... Si les
« déclarations des plus compromis des bandits peuvent nous convaincre suffi-
« samment de la culpabilité des autres criminels, quel plus grand poids doivent
« avoir celles que les Bellon ont faites ou ont confirmées quelques moments
« avant de payer de la peine capitale le tribut de leur forfait, alors que dégagés
« de toute pensée d'envie, d'intérêt, de colère et des passions humaines quelles
« qu'elles soient, et préoccupés seulement par l'idée de la vie éternelle, ils ne
« ressentaient d'autre souci que celui de rendre hommage à la vérité, sans
« accabler ni disculper personne ? »

La sentence, basée sur les conclusions du ministère public, fut aussi impitoyable contre les contumax que contre les Bellon ; en voici la teneur :
« Le Sénat, ouïes la lecture des actes et les réquisitions fiscales, a prononcé et
« prononce devoir être condamnés, comme il condamne, les susnommés Joseph
« Dandreis, dit Gibassié, Antoine Maïssa et Gabriel Mera, dit L'Inglès, à être
« publiquement pendus par le cou, jusqu'à ce que l'âme soit séparée du corps
« et que celui-ci soit fait cadavre ; mande que leurs têtes soient tranchées du
« buste et clouées sur la potence ; les condamne à la confiscation de leurs biens,
« aux dommages-intérêts et aux frais solidairement entre eux ; après interroga-
« toires et admonitions préalables, prescrits par le § 3 de l'Edit Royal du 10
« juin 1814. Les déclarant, vu leur contumace, frappés de toutes les pénalités et
« de tous les préjudices prévus par les Constitutions Royales (1) à l'encontre
« des bandits du premier catalogue, sur lequel catalogue il mande qu'ils soient
« décrits avec leurs signalements, et pour ce, qu'ils méritent d'être exposés à la
« vindicte publique comme ennemis de la patrie et de l'état ».

Le ministère public avait demandé en outre « l'exécution en effigie immé-
diate », dont la sentence ne parle pas.

———

(1) Constitutions Royales. Livre 4. Titre 30. § 1. « Les délinquants qui seront condamnés en contumace à la mort ou aux galères seront décrits dans l'un des deux catalogues que l'on tiendra exposés publiquement dans l'auditoire de chacun de nos magistrats suprêmes... » § 2 : « On écrira sur le premier de ces catalogues le nom de ceux qui sont condamnés à mort... » § 3 : « On exprimera sur les susdits catalogues les nom, surnom, patrie, taille, couleur et autres signalements... »

*
* *

Si la justice avait déployé une activité dévorante pour arriver à la condamnation des coupables, elle se ressaisit aussitôt après, et reprit sa sage lenteur dès qu'il fallut exécuter la sentence sur leurs biens. Nous ignorons quelles furent les poursuites exercées contre ceux des Bellon et de Conte, mais il existe aux archives départementales le dossier de la vente des immeubles qui appartenaient aux contumax. Deux ans furent nécessaires pour établir leur actif, en expertiser la valeur et en faire la dévolution aux Domaines (1817) et cette administration employa encoré quatre ans pour arriver à la vente, qui eut lieu en 1821.

L'estimation des meubles donna des résultats misérables ; on va en juger : Ludovic Ruffi, secrétaire criminel du Sénat, chargé de dresser les états, consigna dans ses procès-verbaux les constatations suivantes. Au sujet de Maïssa : « Françoise Bellon, Vᵛᵒ de Jacques Maïssa, mère du condamné et Marie Gilli, son « épouse, répondirent que les meubles et effets appartenant à Antoine Maïssa « consistaient en quelques haillons et vêtements sans valeur qui étaient néces- « saires à leur entretien quotidien et à celui de leur famille : ce que nous avons « personnellement vérifié ». Au domicile de Mera : « Nous n'avons vu qu'un « simple lit composé d'une vieille paillasse et d'un mauvais drap et que de « misérables haillons à l'usage de la famille composée de quatre enfants « mineurs et de leur mère ». A la Mantega, Marcel Dandreis, l'oncle de Gibassié, désigna quelques meubles appartenant à ce dernier, qui, on s'en souvient, demeurait avec lui ; et on lit à la suite de leur inventaire : « Quant aux objets « usuels, le dit Marcel Dandreis a déclaré qu'il les a vendus pour quelques « deniers, employés par lui au paiement des dépenses obligatoires des soldats « de justice, lors de leurs diverses descentes dans ce quartier, à cause du fait « dont il s'agit ». La façon de procéder de l'oncle Dandreis ne devait pas être répréhensible, puisqu'elle ne souleva aucune objection. En présence de cet actif mobilier, la justice nomma un expert pour en fixer la prisée ; celui-ci, assisté de l'intendant général, de l'avocat fiscal, d'un notaire, du brigadier Rambaldo et de quatre soldats, se fit représenter les objets inventoriés, les récola, les examina, réfléchit longuement et conclut que le tout valait bien trente-trois francs ! Et Dandreis déclara de nouveau « qu'il existait aussi quelques effets « usuels de peu d'importance qui appartenaient à Joseph Dandreis, lesquels il « avait distraits afin de se rembourser de la somme de vingt-quatre à vingt-cinq « francs, payée au brigadier de cette famille de justice pour ses journées et « et celles de ses hommes en vue de la capture dudit contumax ». Le brigadier Rambaldo, qui était présent, ne souffla mot, l'intendant et l'avocat fiscal pas davantage : tout était donc parfaitement régulier.

Les immeubles furent vendus aux enchères publiqnes « sous la loge de St-Jaume, lieu ordinaire des criées », par le ministère de Ignace Saytour-Martin, notaire, les 20 et 28 mai 1821. Les biens-fonds de Maissa comprenaient deux terres sur les collines de Crémat, estimées 300 fr. et 450 fr. et adjugées à 321 fr. et 451 fr. Le Gibassié était indivis avec sa famille ; on lui attribua pour sa part une propriété sise à Saint-Pierre-de-Féric, prisée par l'expert 610 fr.; elle fut acquise par son oncle Marcel au prix de 710 fr. Les parcelles de Mera étaient au nombre de quatre, dont deux, situées à Saint-Pancrace, avaient si peu de valeur qu'elles ne trouvèrent pas d'amateur. Une terre à Féric ou Colle-de-Bast fut achetée 300 fr. sur une mise à prix de 295 fr., et la dernière, au quartier de Bellet-Saquié, évaluée 519 fr., devint pour un franc de plus la propriété de la mère de l'exproprié. Cette dernière ne fut jamais en mesure d'acquitter le montant de son achat, car on trouve sur un des registres des Domaines cette mention non datée : « Faute de fonds, l'Antoinette Contesso (veuve d'Antoine « Mera), ne peut payer le prix de l'adjudication et passer le contrat de cette « vente : elle continue à jouir des dits immeubles à titre de locataire, le loyer dû « au domaine royal étant représenté par les intérêts au cinq pour cent du « capital de cinq cent vingt francs, montant de l'adjudication intervenue à son « profit ».

.*.

L'agression de Fouont-de-Jarrié qui, d'après la loi, entrait dans la catégorie des *Crimes atroces*, n'avait été en somme qu'un vol de grand chemin, dans lequel pas une goutte de sang n'avait été versé. Si les lois de l'époque étaient dures, les juges se montrèrent plus durs encore ; aussi faut-il chercher la raison de leur impitoyable sévérité dans leur volonté d'enrayer les agressions alors très fréquentes.

Le nombre de ces crimes ne peut être mis en doute : sans remonter aux temps des Barbets qui avaient disparu depuis une quinzaine d'années (1), nous avons parlé plus haut de l'attaque d'une diligence sur la route du Var, d'un Piémontais sur la route de la Corniche, et de l'assassinat de l'escorte du convoi qui portait à Nice la recette de Puget-Théniers, survenu le 4 avril 1814 ; nous citerons, pour abréger, ce passage d'une lettre datée de Nice le 30 mars de la même année, qu'un avocat de Grasse, Alziari, écrivait à un de ses amis (2) : « Il « y a des bandes de brigands qui dévalisent les passants jusqu'aux portes de la « ville et vont dans la campagne vider les caisses des percepteurs et se faire « nourrir. » Les Alpes-Maritimes, montagneuses et arides, dévastées par les guerillas de la Révolution, écrasées, sous l'Empire, par les impôts et la conscription, n'avaient pas pu se relever de leurs ruines ; or, les périodes de misères sont des périodes de crimes ; car, suivant le dicton populaire, la misère est mauvaise conseillère. En outre, aux moments troublés des Cent-Jours, alors que les Français pouvaient de nouveau envahir le pays et que les Autrichiens les y avaient devancés, il se produisit certainement la même recrudescence de méfaits que l'on constata lors des précédentes invasions de 1792, 1800 et 1814. C'est pour enrayer le mal que les juges et les pouvoirs publics se résolurent à frapper vite et fort.

Si l'on veut rechercher les causes de la surprenante notoriété d'un crime aussi banal, on en trouve plusieurs ; mais pas une ne s'avère comme péremptoire : le nombre des brigands et la personnalité de la victime sont des facteurs d'ordre inférieur ; car les bandes de Barbets étaient bien plus fortes et la marquise de Bute n'avait pas un de ces noms ni de ces titres qui s'imposent au

---

(1) Le tribunal spécial de Nice, qui jugeait les Barbets, était encore en fonctions en 1811 ; mais les rares crimes de « Barbetisme » qui lui étaient soumis depuis l'année 1800, remontaient presque tous à l'époque de la courte réoccupation du pays par les Austro-Sardes, avant la bataille de Marengo. (Voir les registres des minutes du tribunal spécial de Nice, aux archives départementales).

(2) Voir l'article de M. Doublet « Les papiers du médecin Michel Provençal, » dans la revue « Nice Historique », année 1912, p. 447.

populaire. La qualité de Niçois des assassins, le nom de Bellon, très répandu dans le pays (1), la triple sentence capitale exécutée le même jour, l'exposition publique des têtes des suppliciés, ont sans doute contribué à la survie de ce crime ; il en est de même de l'importance du vol que les bonnes gens exagérèrent considérablement, comme tout ce qui dépasse leur conception.(2)C'est probablement la réunion de tous ces éléments et peut-être d'autres considérations, alors d'actualité et nous échappant aujourd'hui,qui a créé la renommée excessive de ce vulgaire forfait.

Nous n'avons découvert aucun document relatif au cérémonial de l'exécution des condamnés, mais un article de *Nice Historique* (3) contient de curieux renseignements sur ce sujet. « A l'heure fixée, c'est-à-dire, à dix heures du « matin (on ne se cachait pas alors pour cette sinistre besogne), la grosse cloche « de la tour St-Dominique était mise en branle et faisait entendre, en coups « espacés, son bourdonnement funèbre. Toutes les cloches de la ville répon- « daient par un glas qui ne cessait que lorsque l'exécution était faite. Toutes les « confréries se réunissaient dans le palais de justice et attendaient la sortie du « bourreau ; celui-ci arrivait enfin, vêtu de rouge, escorté des archers, soldats « d'une milice archaïque, lesquels ne paraissaient que pour cette cérémonie. » Le condamné, pieds nus, les mains liées derrière le dos, la corde au cou, était extrait de la prison, attenante au sénat, en contrebas des rochers à pic du château. Alors se formait une lugubre procession : en tête marchait un pénitent qui agitait une cloche, puis suivait le condamné assisté du chapelain des prisons ; ils étaient entourés des membres de la confrérie de la Miséricorde, portant des cierges allumés et psalmodiant les prières des agonisants ; derrière venait le bourreau qui tenait le bout de la corde passée au cou du malheureux ; les pénitents et les soldats fermaient l'escorte. La funèbre théorie se dirigeait vers la Foux, en faisant un long détour à travers la ville, au milieu des bonnes gens qui se signaient sur son passage ; à certains endroits désignés, elle s'arrêtait et le condamné devait se mettre à genoux pour marquer son ignominie, tandis que le bourreau lisait la sentence capitale ; puis le cortège de mort reprenait son chemin vers une autre station de ce calvaire. En somme, on imposait au misérable l'horrible torture d'assister vivant à ses funérailles, et cette mar-

---

(1) Dans les registres du recensement de Nice en 1815, on relève, dans les seuls quartiers de Saint-Barthélemy, dix familles Bellon, formant un total de soixante personnes.

(2) L'abbé Cauvin, qui ne dut pas accepter des chiffres trop manifestement outrés, écrit pourtant que le montant du vol fut de trois cent mille francs, soit le triple de la réalité.

(3) « Le châtiment des Suicidés », par le Dr Balestre. *Nice Historique*, année 1913, p. 106. Toute la fin de ce chapitre est tirée de l'étude du Dr Balestre, à laquelle sont ajoutés quelques détails qui nous ont été fournis par des gens du pays, dignes de foi.

che au supplice devait être une interminable agónie, bien plus affreuse que le supplice lui-même.

Pour atténuer ce cauchemar, mieux vaut croire que la légende a dramatisé le cérémonial des exécutions, comme elle a exagéré le crime de Fouont-de-Jarrié.

.*.

Nous ne savons ce que devinrent Maïssa et Mera, après leur fuite de Nice, mais nous avons des renseignements assez complets sur Joseph Dandreis, que lui-même nous fournit.

Se sachant traqué par la justice, il passa le Var à une date qu'il ne peut préciser ; à Saint-Laurent, il lia connaissance avec un inconnu qui l'accompagna jusqu'à Cagnes et lui indiqua la route de Grasse. Chemin faisant cet individu lui remit un passeport au nom de Joseph Auban, domicilié à Entrevaux, et deux lettres de recommandation auprès de personnes de Briançon et de Grenoble. Cette opportune rencontre fut peut-être une invention de Gibassié, qui ne voulut pas nommer la personne de Nice, parente ou amie, qui lui procura ces papiers. Il traversa Grasse, Castellane, Briançon, où le maire lui délivra un nouveau passeport, Grenoble, et alla jusqu'à Valence. Il revint bientôt à Briançon ; là il entra au service du général Eberlé, l'ancien gouverneur de Nice, et resta en place un an environ, jusqu'au jour où le général fut mis en non-activité. Dandreis quitta alors cette ville et rebroussa chemin jusqu'à Fréjus ; ne pouvant trouver du travail, il s'en fut à Hyères et s'embaucha comme ouvrier de campagne chez un sieur Auran, auprès duquel il demeura quelques mois.

Un jour qu'il revenait du travail, sur la grande route, il sentit une main frapper sur son épaule et s'entendit interpeler par ces mots : « *E ben, Pépin !* » (1) A ce nom de Pépin, qu'on lui donnait communément à Nice, il se retourna vivement et se trouva en présence d'un inconnu qui lui dit être aussi Niçois et s'appeler Jean-Baptiste Bensa. Connaissance fut vite faite et Bensa conseilla à son compatriote d'aller offrir ses services à un certain Dominique Allo, dont il était lui-même le domestique, et qui demeurait à *Boaru* (?) ; il recevrait dix-huit francs par mois de gages, outre la nourriture. Après réflexion, Dandreis accepta la proposition, se rendit à *Boaru* et s'engagea comme ouvrier agricole chez le sieur Allo, en août 1816.

C'est là qu'il fut arrêté le 8 février suivant, probablement à la suite d'une dénonciation de Bensa (2). On le conduisit à Hyères, puis à Toulon, où il resta en prison jusqu'au 3 septembre, tandis que se poursuivaient les formalités de l'extradition.

---

(1) Toutes les citations niçoises rapportées dans cette étude ont été copiées sur les pièces de la procédure, où elles se trouvent intercalées dans le texte italien.

(2) S'il est vrai que Bensa dénonça le Gibassié, ainsi que ce dernier en eut la conviction, ce fut probablement pour s'emparer de son argent et de sa montre en or, cette même montre que Laurent Bellon lui avait vendue et qui, d'après Conte, provenait de l'agression d'un Piémontais, au col d'Eze. Après son arrestation, Dandreis eut beaucoup de peine à se faire restituer par Bensa sa montre et une centaine de francs qu'il possédait ; encore son compagnon trouva-t-il le moyen de conserver une partie de l'argent.

Le 8 septembre 1817, il fut incarcéré à Nice, et son premier interrogatoire, auquel procéda le sénateur Andreis de Cimiez, porte la date du 20 du même mois.

Il confessa sa participation au crime, mais il prétendit ignorer ce qu'étaient devenus les autres fugitifs, ses complices, sauf que Bensa lui avait confié que, quelques mois avant son arrivée, Maïssa était passé à *Boaru*, en route pour Marseille, où il se proposait de faire le boulanger.

Le dernier interrogatoire de Gibassié porte la date du 26 septembre 1817, et ce fut seulement au mois de juin 1820 que l'*Uffizio*, représenté par le substitut Melissano, l'avocat des pauvres, et l'avocat Fornari, choisi par l'accusé, déposèrent leurs conclusions. Pourquoi cet intervalle si long entre la clôture de l'instruction et la fixation de l'affaire ? Oublia-t-on le malheureux Dandreis dans sa prison ?

Si la justice fut plus que lente, elle ne se montra pas moins sévère : le 30 juin 1820, Dandreis était condamné à être pendu ; mais le roi de Sardaigne, par lettre patente du 11 juillet suivant, commua sa peine en celle de l'emprisonnement à vie.

Il m'a été dit que, plus tard, Gibassié et Conte auraient réussi à s'évader du bagne, mais je n'ai trouvé aucun autre renseignement sur ce point.

Ainsi, sur les huit brigands qui composaient la bande de Fouont-de-Jarrié : un mourut accidentellement sur les lieux ; trois subirent la peine capitale ; deux furent condamnés à des peines perpétuelles et deux seulement semblent s'être soustraits à la répression.

BIBLIOGRAPHIE

Toselli......   Précis Historique de Nice (1869. Vol. 3 et 4).

Abbé Cauvin   Mémoires pour servir à l'Histoire de la commune de Contes et
du hameau de Sclos (1885).

Archives du Palais de Justice de Nice. — Trois dossiers sur les quatre
qui composaient la procédure contre les bandits de Fouont-de-Jarrié.
Ils sont numérotés par volume ; celui que je n'ai pu retrouver porte
le N° 1 (1815).
Dossier de la procédure contre Borfiga et Ravel (1815-1816) ;
Registre des sentences criminelles (1814-1817) ;
Registre des recours en matière criminelle (1814-1815) ;
Registre des ordonnances en matière criminelle (1814-1837).

Archives Départementales des Alpes-Maritimes. — Registres du
Recensement de Nice en 1815.
Registre de l'administration des Domaines, intitulé : « *Sommario
generale di tutti li redditi e crediti domaniali* ». Années 1815
et suivantes.
Dossier relatif à la vente des biens des contumax (Ancienne classifi-
cation « Série P. N° 4. Période Sarde »).
Divers dossiers judiciaires de la Période Impériale, tels que ceux
relatifs à l'assassinat de la femme Bessi (1809), à l'interrogatoire
de Pertems (1812), etc.

Bibliothèque Municipale de Nice. — Ancien plan de Nice donnant l'emplacement des *îles* et leur numérotation.

Collections Particulières. — Manuscrit communiqué par M. François
Alziary, ancien avoué, écrit en français et paraissant dater de 1860
à 1870.
Dossier formé par Louis Milon, membre du Sénat de Nice, ayant
requis contre les accusés, dans l'affaire de Fouont-de-Jarrié, en
1815. Il renferme, entre autres pièces, des notes sur le dossier N° 1
que je n'ai pu retrouver aux Archives du Palais de Justice. Il m'a
été donné par Mme Vachier, qui en était propriétaire par successifs
héritages remontant à Louis Milon.

ICONOGRAPHIE

Collections Particulières. — Portrait au crayon rouge d'Antoine Bellon, signé : « *A. B. Nizza, 1814* » (1). On lit au-dessous : « *Capo di Ant. Bellon detto Rostan esposto sopra un palo al luogo detto la Fouont de Giarric* ». Appartient à M. le Dⁿ Barety.

Portrait au crayon rouge de l'un des Bellon portant mêmes date et signature, et la légende suivante : « *Attitudine del Bellon nel udire la sua condannazione a morte* ». Appartient à M. le Dⁿ Barety.

Portrait au crayon rouge de l'un des Bellon, avec cette inscription : « *Nizza 1814. B. Capo del Bellon esposto sul patibolo alla foce del Paglione* ». Appartient à M. le Chevalier Victor de Cessole.

---

(1) La date de 1814 est une erreur commise par l'artiste.

www.ingramcontent.com/pod-product-compliance
Ingram Content Group UK Ltd.
Pitfield, Milton Keynes, MK11 3LW, UK
UKHW051844140726
13696UKWH00007B/1307